康熙山陰縣志

1

紹興大典

史部

中華書局

圖書在版編目(CIP)數據

（康熙） 山陰縣志 / (清) 高登先修 ; (清) 沈麟趾 , (清) 單國驥纂 . －北京 : 中華書局 , 2024.2
（紹興大典・史部）
ISBN 978-7-101-16546-3

Ⅰ. 康… Ⅱ. ①高… ②沈… ③單… Ⅲ. 紹興－地方志－清代 Ⅳ. K295.53

中國國家版本館 CIP 數據核字 (2024) 第 030591 號

書　　名	（康熙）山陰縣志（全三册）
叢 書 名	紹興大典・史部
修　　者	〔清〕高登先
纂　　者	〔清〕沈麟趾　單國驥
項目策劃	許旭虹
責任編輯	劉　楠
裝幀設計	許麗娟
責任印製	管　斌
出版發行	中華書局 （北京市豐臺區太平橋西里38號 100073） http: // www. zhbc. com. cn E-mail: zhbc@zhbc. com. cn
印　　刷	天津藝嘉印刷科技有限公司
版　　次	2024年2月第1版 2024年2月第1次印刷
規　　格	開本787×1092毫米　1/16 印張81¾
國際書號	ISBN 978-7-101-16546-3
定　　價	1180.00元

學術顧問（按姓氏筆畫排序）

安平秋　李　岩　吴　格

袁行霈　張志清　葛劍雄

樓宇烈

編纂工作指導委員會

主　　任　盛閱春（二〇二二年九月至二〇二三年一月在任）

温　暖　施惠芳　肖啓明　熊遠明

第一副主任　丁如興

副 主 任　陳偉軍　汪俊昌　馮建榮

成　　員（按姓氏筆畫排序）

王静静　朱全紅　沈志江　金水法　俞正英

胡華良　茹福軍　徐　軍　陳　豪　黄旭榮

裘建勇　樓　芳　魯霞光　魏建東

編纂委員會

主　　編　馮建榮

副 主 編　黄錫雲　尹　濤　王静静　李聖華　陳紅彦

委　　員（按姓氏筆畫排序）

王静静　尹　濤　那　艷　李聖華　俞國林

陳紅彦　陳　誼　許旭虹　馮建榮　葉　卿

黄錫雲　黄顯功　楊水土

史部主編　黄錫雲　許旭虹

序

紹興是國務院公布的首批中國歷史文化名城，是中華文明的多點起源地之一和越文化的發祥、壯大之地。從嵊州小黄山遺址迄今，已有一萬多年的文化史；從大禹治水迄今，已有四千多年的文明史；從越國築句踐小城和山陰大城迄今，已有兩千五百多年的建城史。建炎四年（一一三〇），宋高宗駐蹕越州，取義「紹奕世之宏庥，興百年之丕緒」，次年改元紹興，賜名紹興府，領會稽、山陰、蕭山、諸暨、餘姚、上虞、嵊、新昌等八縣。元改紹興路，明初復爲紹興府，清沿之。

紹興坐陸面海，嶽峙川流，風光綺麗，物産富饒，民風淳樸，士如過江之鯽，彬彬稱盛。春秋末越國有「八大夫」佐助越王卧薪嘗膽，力行「五政」，崛起東南，威續戰國，四分天下有其一，成就越文化的第一次輝煌。秦漢一統後，越文化從尚武漸變崇文。晋室東渡，北方士族大批南遷，王、謝諸大家紛紛遷居於此，一時人物之盛，雲蒸霞蔚，學術與文學之盛冠於江左，給越文化注入了新的活力。唐時的越州是詩人行旅歌詠之地，形成一條江南唐詩之路。至宋代，尤其是宋室南遷後，越中理學繁榮，文學昌盛，領一時之先。明代陽明心學崛起，這一時期的越文化，宣導致良知、知行合一，重於事功，伴隨而來的是越中詩文、書畫、戲曲的興盛。明清易代，有劉宗周等履忠蹈義，慷慨赴死，亦有黄宗羲率其門人，讀書窮經，關注世用，成其梨洲一派。至清中葉，會稽章學誠等人紹承梨洲之學而開浙東史學之新局。晚清至現代，越中知識分子心懷天下，秉持先賢「膽劍精神」，再次站在歷史變革的潮頭，蔡元培、魯迅等人「開拓越學」，使紹興成爲新文化運動和新民主主義革命的重要陣地。越文化兼容並包，與時偕變，勇於創新，隨着中國社會歷史的變遷，無論其内涵和特質發生何種變化，均以其獨特、强盛的生命力，推動了中華文明的發展。

文獻典籍承載着廣博厚重的精神財富、生生不息的歷史文脉。紹興典籍之富，甲於東南，號爲文獻之邦。從兩漢到魏晋再至近現代，紹興人留下了浩如煙海、綿延不斷的文獻典籍。陳橋驛先生在《紹興地方文獻考録·前言》中説：「紹興是我國歷史上地方文獻最豐富的地方之一。」有我國地方志的開山之作《越絶書》，有唯物主義的哲學巨著《論衡》，有書法藝術和文學價值均登峰造極的《蘭亭集序》，有詩爲「中興之冠」的陸游《劍南詩稿》，有輯録陽明心學精義的儒學著作《傳習録》等，這些文獻，不僅對紹興一地具有重要價值，對浙江乃至全國來説，也有深遠意義。

紹興藏書文化源遠流長。歷史上的藏書家多達百位，知名藏書樓不下三十座，其中以澹生堂最爲著名，藏書十萬餘卷。近現代，紹興又首開國内公共圖書館之先河。光緒二十六年（一九〇〇），紹興鄉紳徐樹蘭獨力捐銀三萬餘兩，圖書七萬餘卷，創辦國内首個公共圖書館——古越藏書樓。越中多名士，自也與藏書聚書風氣有關。

習近平總書記强調，「我們要加强考古工作和歷史研究，讓收藏在博物館裏的文物、陳列在廣闊大地上的遺産、書寫在古籍裏的文字都活起來，豐富全社會歷史文化滋養」。黨的十八大以來，黨中央站在實現中華民族偉大復興的高度，對傳承和弘揚中華優秀傳統文化作出一系列重大決策部署。中共中央辦公廳、國務院辦公廳二〇一七年一月印發了《關於實施中華優秀傳統文化傳承發展工程的意見》，二〇二二年四月又印發了《關於推進新時代古籍工作的意見》。

盛世修典，是中華民族的優秀傳統，是國家昌盛的重要象徵。近年來，紹興地方文獻典籍的利用呈現出多層次、多方位探索的局面，從文史界到全社會都在醞釀進一步保護、整理、開發、利用紹興歷史文獻的措施，形成了廣泛共識。中共紹興市委、市政府深入學習貫徹習近平總書記重要指示精神，積極響應國家重大戰略部署，以提振紹興人文氣運的文化自覺和存續一方文脉的歷史擔當，作出了編纂出版《紹興大典》的重大決定，計劃用十年時間，系統、全面、客觀梳理紹興文化傳承脉絡，收集、整理、編纂、出版紹興地方歷史文獻。二〇二二年十月，中共紹興市委辦公室、紹興市人民政府辦公室印發《關於〈紹興大典〉編纂出版工作實施方案的通知》。自此，《紹興大典》編纂出版各項工作開始有序推進。

百餘年前，魯迅先生提出「開拓越學，俾其曼衍，至於無疆」的願景，今天，我們繼先賢之志，實施紹興歷史上前無古人的文化工程，希冀通過《紹興大典》的編纂出版，從浩瀚的紹興典籍中尋找歷史印記，從豐富的紹興文化中挖掘鮮活資源，從悠遠的紹興歷史中把握發展脉絡，古爲今用，繼往開來，爲新時代「文化紹興」建設注入强大動力。我們將懷敬畏之心，以古人「三不朽」的立德修身要求，爲紹興這座中國歷史文化名城和「東亞文化之都」立傳畫像，爲全世界紹興人築就恒久的精神家園。

是爲序。

温暖

二〇二三年十月

前　言

越國故地，是中華文明的重要起源地，中華優秀傳統文化的重要貢獻地，中華文獻典籍的重要誕生地。紹興，是越國古都，國務院公布的第一批歷史文化名城。編纂出版《紹興大典》，是綿延中華文獻之大計，弘揚中華文化之良策，傳承中華文明之壯舉。

一

紹興有源遠流長的文明，是中華文明的縮影。

中國有百萬年的人類史，一萬年的文化史，五千多年的文明史。中華文明，是中華民族長期實踐的積累，集體智慧的結晶，不斷發展的産物。各個民族，各個地方，都爲中華文明作出了自己獨具特色的貢獻。紹興人同樣爲中華文明的起源與發展，作出了自己傑出的貢獻。

現代考古發掘表明，早在約十六萬年前，於越先民便已經在今天的紹興大地上繁衍生息。二〇一七年初，在嵊州崇仁安江村蘭山廟附近，出土了於越先民約十六萬年前使用過的打製石器[一]。這是曹娥江流域首次發現的舊石器遺存，爲探究這一地區中更新世晚期至晚更新世早期的人類活動、

[一] 陸瑩等撰《浙江蘭山廟舊石器遺址網紋紅土釋光測年》，《地理學報》英文版，二〇二〇年第九期，第一四三六至一四五〇頁。

華南地區與現代人起源的關係、小黄山遺址的源頭等提供了重要綫索。

距今約一萬至八千年的嵊州小黄山遺址[一]，於二〇〇六年與上山遺址一起，被命名爲上山文化。該遺址中的四個重大發現，引人矚目：一是水稻實物的穀粒印痕遺存，以及儲藏坑、鐮形器、石磨棒、石磨盤等稻米儲存空間與收割、加工工具的遺存；二是種類與器型衆多的夾砂、夾炭、夾灰紅衣陶與黑陶等遺存；三是我國迄今發現的最早的立柱建築遺存，以及石杵立柱遺存；四是我國新石器時代遺址中迄今發現的最早的石雕人首。

蕭山跨湖橋遺址出土的山茶種實，表明於越先民在八千多年前已開始對茶樹及茶的利用與探索[二]。距今約六千年前的餘姚田螺山遺址發現的山茶屬茶樹根遺存，有規則地分布在聚落房屋附近，特别是其中出土了一把與現今茶壺頗爲相似的陶壺，表明那時的於越先民已經在有意識地種茶用茶了[三]。

對美好生活的嚮往無止境，創新便無止境。於越先民在一萬年前燒製出世界上最早的彩陶的基礎上[四]，經過數千年的探索實踐，終於在夏商之際，燒製出了人類歷史上最早的原始瓷[五]；繼而又在東漢時，燒製出了人類歷史上最早的成熟瓷。現代考古發掘表明，漢時越地的窑址，僅曹娥江兩岸的上虞，就多達六十一處[六]。

中國是目前發現早期稻作遺址最多的國家，是世界上最早發現和利用茶樹的國家，更是瓷器的故

[一] 浙江省文物考古研究所編《上山文化：發現與記述》，文物出版社二〇一六年版，第七一頁。
[二] 浙江省文物考古研究所、蕭山博物館編《跨湖橋》，文物出版社二〇〇四年版，彩版四五。
[三] 北京大學中國考古學研究中心、浙江省文物考古研究所編《田螺山遺址自然遺存綜合研究》，文物出版社二〇一一年版，第一一七頁。
[四] 孫瀚龍、趙曄著《浙江史前陶器》，浙江人民出版社二〇二二年版，第三頁。
[五] 鄭建華、謝西營、張馨月著《浙江古代青瓷》，浙江人民出版社二〇二二年版，上册，第四頁。
[六] 宋建明主編《早期越窑——上虞歷史文化的豐碑》，中國書店二〇一四年版，第二四頁。

鄉。《（嘉泰）會稽志》卷十七記載「會稽之產稻之美者，凡五十六種」，稻作文明的進步又直接促成了紹興釀酒業的發展。同卷又單列「日鑄茶」一條，釋曰「日鑄嶺在會稽縣東南五十五里，嶺下有僧寺名資壽，其陽坡名油車，朝暮常有日，產茶絶奇，故謂之日鑄」。可見紹興歷史上物質文明之發達，真可謂「天下無儔」。

二

紹興有博大精深的文化，是中華文化的縮影。

文化是一條源遠流長的河，流過昨天，流到今天，還要流向明天。悠悠萬事若曇花一現，唯有文化與日月同輝。

大量的歷史文獻與遺址古迹表明，四千多年前，大禹與紹興結下了不解之緣。大禹治平天下之水，漸九川，定九州，至於諸夏乂安，《史記·夏本紀》載：「禹會諸侯江南，計功而崩，因葬焉，命曰會稽。會稽者，會計也。」裴駰注引《皇覽》曰：「禹冢在山陰縣會稽山上。會稽山本名苗山，在縣南，去縣七里。」《（嘉泰）會稽志》卷六「大禹陵」：「禹巡守江南，上苗山，會稽諸侯，死而葬焉。……劉向書云：禹葬會稽，不改其列，謂不改林木百物之列也。苗山自禹葬後，更名會稽。是山之東，有隴隱若劍脊，西嚮而下，下有窆石，或云此正葬處。」另外，大禹在以會稽山爲中心的越地，還有一系列重大事迹的記載，包括娶妻塗山、得書宛委、畢功了溪、誅殺防風、禪祭會稽、築治邑室等。

以至越王句踐，「其先禹之苗裔，而夏后帝少康之庶子也，封於會稽，以奉守禹之祀」（《史記·越王句踐世家》）。句踐的功績，集中體現在他一系列的改革舉措以及由此而致的强國大業上。

他創造了「法天象地」這一中國古代都城選址與布局的成功範例，奠定了近一個半世紀越國號稱天下强國的基礎，造就了紹興發展史上的第一個高峰，更實現了東周以來中國東部沿海地區暨長江下游地區的首次一體化，讓人們在數百年的分裂戰亂當中，依稀看到了一統天下的希望，爲後來秦始皇統一中國，建立真正大一統的中央政權，進行了區域性的準備。因此，司馬遷稱：「苗裔句踐，苦身焦思，終滅强吴，北觀兵中國，以尊周室，號稱霸王。句踐可不謂賢哉！蓋有禹之遺烈焉。」

千百年來，紹興涌現出了諸多譽滿海内、雄稱天下的思想家，他們的著述世不絶傳、遺澤至今，他們的思想卓犖英發、光彩奪目。哲學領域，聚諸子之精髓，啓後世之思想。政治領域，以家國之情懷，革社會之弊病。經濟領域，重生民之生業，謀民生之大計。教育領域，育天下之英才，啓時代之新風。史學領域，創史志之新例，傳千年之文脉。

紹興是中國古典詩歌藝術的寶庫。四言詩《候人歌》被稱爲「南音之始」。於越《彈歌》是我國文學史上僅存的二言詩。《越人歌》是越地的第一首情歌、中國的第一首譯詩。山水詩的鼻祖，是上虞人謝靈運。唐代，這裏涌現出了賀知章等三十多位著名詩人。宋元時，這裏出了别開詩歌藝術天地的陸游、王冕、楊維楨。

紹興是中國傳統書法藝術的故鄉。鳥蟲書與《會稽刻石》中的小篆，影響深遠。中國的文字成爲藝術品之習尚；文字由書寫轉向書法，是從越人的鳥蟲書開始的。而自王羲之《蘭亭序》之後，紹興更是成爲中國書法藝術的聖地。翰墨碑刻，代有名家精品。

紹興是中國古代繪畫藝術的重鎮。世界上最早彩陶的燒製，展現了越人的審美情趣。「文身斷髮」與「鳥蟲書」，實現了藝術與生活最原始的結合。戴逵與戴顒父子、僧仲仁、王冕、徐渭、陳洪綬、趙之謙、任熊、任伯年等在中國繪畫史上有開宗立派的地位。

一九一二年一月，魯迅爲紹興《越鐸日報》創刊號所作發刊詞中寫道：「於越故稱無敵於天下，海岳精液，善生俊異，後先絡繹，展其殊才；其民復存大禹卓苦勤勞之風，同句踐堅確慷慨之志，力作治生，綽然足以自理。」可見，紹興自古便是中華文化的重要發源地與傳承地，紹興人更是世代流淌着「卓苦勤勞」「堅確慷慨」的精神血脉。

三

紹興有琳琅滿目的文獻，是中華文獻的縮影。

自有文字以來，文獻典籍便成了人類文明與人類文化的基本載體。紹興地方文獻同樣爲中華文明與中華文化的傳承發展，作出了傑出的貢獻。

中華文明之所以成爲世界上唯一没有中斷、綿延至今、益發輝煌的文明，在於因文字的綿延不絶而致的文獻的源遠流長、浩如煙海。中華文化之所以成爲中華民族有别於世界上其他任何民族的顯著特徵並流傳到今天，靠的是中華兒女一代又一代的言傳身教、口口相傳，更靠的是文獻典籍一代又一代的忠實書寫、守望相傳。

無數的甲骨、簡牘、古籍、拓片等中華文獻，無不昭示着中華文明的光輝燦爛、欣欣向榮，無不昭示着中華文化的廣博淵綜、蒸蒸日上。它們既是中華文明與中華文化的基本載體，又是中華文明與中華文化的重要組成部分，是十分重要的物質文化遺産。

紹興地方文獻作爲中華文獻重要的組成部分，積澱極其豐厚，特色十分明顯。

（一）文獻體系完備

紹興的文獻典籍根基深厚，載體體系完備，大體經歷了四個階段的歷史演變。

一是以刻符、紋樣、器型爲主的史前時代。代表性的，有作爲上山文化的小黄山遺址中出土的彩陶上的刻符、印紋、圖案等。

二是以金石文字爲主的銘刻時代。代表性的，有越國時期玉器與青銅劍上的鳥蟲書等銘文、秦《會稽刻石》、漢「大吉」摩崖、漢魏六朝時的會稽磚甓銘文與會稽青銅鏡銘文等。

三是以雕版印刷爲主的版刻時代。代表性的，有中唐時期越州刊刻的元稹、白居易的詩集。唐長慶四年（八二四），浙東觀察使兼越州刺史元稹，在爲時任杭州刺史的好友白居易《白氏長慶集》所作的序言中寫道：「揚、越間多作書模勒樂天及予雜詩，賣於市肆之中也。」這是有關中國刊印書籍的最早記載之一，説明越地開創了「模勒」這一雕版印刷的風氣之先。宋時，兩浙路茶鹽司等機關和紹興府、紹興府學等，競相刻書，版刻業快速繁榮，紹興成爲兩浙乃至全國的重要刻書地，所刻之書多稱「越本」「越州本」。明代，紹興刊刻呈現出了官書刻印多、鄉賢先哲著作和地方文獻多、私家刻印特色叢書多的特點。清代至民國，紹興整理、刊刻古籍叢書成風，趙之謙、平步青、徐友蘭、章壽康、羅振玉等，均有大量輯刊，蔡元培早年應聘於徐家校書達四年之久。

四是以機器印刷爲主的近代出版時期。這一時期呈現出傳統技術與西方新技術並存、傳統出版物與維新圖强讀物並存的特點。代表性的出版機構，在紹興的有徐友蘭於一八六二年創辦的墨潤堂等。另外，吴隱於一九〇四年參與創辦了西泠印社；紹興人沈知方於一九一二年參與創辦了中華書局，還於一九一七年創辦了世界書局。代表性的期刊，有羅振玉於一八九七年在上海創辦的《農學報》，杜亞泉於一九〇一年在上海創辦的《普通學報》，羅振玉於一九〇一年在上海發起、王國維主筆的《教育世界》，杜亞泉等於一九〇二年在上海編輯的《中外算報》，秋瑾於一九〇七年在上海創辦的《中國女報》等。代表性的報紙，有蔡元培於一九〇三年在上海創辦的《俄事警聞》等。

紹興文獻典籍的這四個演進階段，既相互承接，又各具特色，充分彰顯了走在歷史前列、引領時代潮流的特徵，總體上呈現出了載體越來越多元、内涵越來越豐富、傳播越來越廣泛、對社會生活的影響越來越深遠的歷史趨勢。

（二）藏書聲聞華夏

紹興歷史上刻書多，便爲藏書提供了前提條件，因而藏書也多。大禹曾「登宛委山，發金簡之書，案金簡玉字，得通水之理」（《吴越春秋》卷六），還「巡狩大越，見耆老，納詩書」（《越絶書》卷八），這是紹興有關采集收藏圖書的最早記載。句踐曾修築「石室」藏書，「晝書不倦，晦誦竟旦」（《越絶書》卷十二）。

造紙術與印刷術的發明和推廣，使得書籍可以成批刷印，爲藏書提供了極大便利。王充得益於藏書資料，寫出了不朽的《論衡》。南朝梁時，山陰人孔休源「聚書盈七千卷，手自校治」（《梁書·孔休源傳》），成爲紹興歷史上第一位有明文記載的藏書家。唐代時，越州出現了集刻書、藏書、讀書於一體的書院。五代十國時，南唐會稽人徐鍇精於校勘，雅好藏書，「江南藏書之盛，爲天下冠，鍇力居多」（《南唐書·徐鍇傳》）。

宋代雕版印刷術日趨成熟，爲書籍的化身千百與大規模印製創造了有利條件，也爲藏書提供了更多來源。特別是宋室南渡、越州升爲紹興府後，更是出現了以陸氏、石氏、李氏、諸葛氏等爲代表的藏書世家。陸游曾作《書巢記》，稱「吾室之内，或棲於櫝，或陳於前，或枕藉於床，俯仰四顧，無非書者」。《（嘉泰）會稽志》中專設《藏書》一目，説明了當時藏書之風的盛行。元時，楊維楨「積書數萬卷」（《鐵笛道人自傳》）。

明代藏書業大發展，出現了鈕石溪的世學樓等著名藏書樓。其中影響最大的藏書家族，當數山陰祁氏；影響最大的藏書樓，當數祁承㸁創辦的澹生堂，至其子彪佳時，藏書達三萬多卷。

清代是紹興藏書業的鼎盛時期，有史可稽者凡二十六家，諸如章學誠、李慈銘、陶濬宣等。上虞王望霖建天香樓，藏書萬餘卷，尤以藏書家之墨迹與鈎摹鐫石聞名。徐樹蘭創辦的古越藏書樓，以存古開新爲宗旨，以資人觀覽爲初心，成爲中國近代第一家公共圖書館。

民國時，代表性的紹興藏書家與藏書樓有：羅振玉的大雲書庫、徐維則的初學草堂、蔡元培創辦的養新書藏、王子餘開設的萬卷書樓、魯迅先生讀過書的三味書屋等。

根據二〇一六年完成的古籍普查結果，紹興全市十家公藏單位，共藏有一九一二年以前産生的中國傳統裝幀書籍與民國時期的傳統裝幀書籍三萬九千七百七十七種、二十二萬六千一百二十五册，分别占了浙江省三十三萬七千四百零五種的百分之十一點七九、二百五十萬六千六百三十三册的百分之九點零二。這些館藏的文獻典籍，有不少屬於名人名著，其中包括在别處難得見到的珍稀文獻。這是紹興這個地靈人傑的文獻名邦確實不同凡響的重要見證。

一部紹興的藏書史，其實也是一部紹興人的讀書、用書、著書史。歷史上的紹興，刻書、藏書、讀書、用書、著書，良性循環，互相促進，成爲中國文化史上一道亮麗的風景。

（三）著述豐富多彩

紹興自古以來，論道立說、卓然成家者代見輩出，創意立言、名動天下者繼踵接武，歷朝皆有傳世之作，各代俱見槃槃之著。這些文獻，不僅對紹興一地有重要價值，而且也是浙江文化乃至中國古代文化的重要組成部分。

一是著述之風，遍及各界。越人的創作著述，文學之士自不待言，爲政、從軍、業賈者亦多喜筆耕，屢有不刊之著。甚至於鄉野市井之口頭創作、謠歌俚曲，亦代代敷演，蔚爲大觀，其中更是多有内藴厚重、哲理深刻、色彩斑斕之精品，遠非下里巴人，足稱陽春白雪。

二是著述整理，尤爲重視。越人的著述，包括對越中文獻乃至我國古代文獻的整理。宋孔延之的《會稽掇英總集》，清杜春生的《越中金石記》，近代魯迅的《會稽郡故書雜集》等，都是收輯整理地方文獻的重要成果。陳橋驛所著《紹興地方文獻考録》，是另一種形式的著述整理，其中考録一九四九年前紹興地方文獻一千二百餘種。清代康熙年間，紹興府山陰縣吴楚材、吴調侯叔侄選編的《古文觀止》，自問世以來，一直是古文啓蒙的必備書，也深受古文愛好者的推崇。

三是著述領域，相涉廣泛。越人的著述，涉及諸多領域。其中古代以經、史與諸子百家研核之作爲多，且基本上涵蓋了經、史、子、集的各個分類，近現代以文藝創作爲多，當代則以科學研究論著爲多。這也體現了越中賢傑經世致用、與時俱進的家國情懷。

四

盛世修典，承古啓新，以「紹興」之名，行紹興之實。

紹興這個名字，源自宋高宗的升越州爲府，並冠以年號，時在紹興元年（一一三一）的十月廿六日。這是對這座城市傳統的畫龍點睛。紹興這兩個字合在一起，蘊含的正是承繼前業而壯大之、開創未來而昌興之的意思。數往而知來，今天的紹興人正賦予這座城市、這個名字以新的意蘊，那就是繼承中華優秀傳統文化，建設中華民族現代文明，爲實現中華民族偉大復興，作出自己新的更大的貢獻。

編纂出版《紹興大典》，正是紹興地方黨委、政府文化自信、文化自覺的體現，是集思廣益、精心實施的德政，是承前啓後、繼往開來的偉業。

（一）科學的決策

《紹興大典》的編纂出版，堪稱黨委、政府科學決策的典範。二〇二〇年十二月十一日，中共紹興市委八屆九次全體（擴大）會議審議通過了關於紹興市「十四五」規劃和二〇三五年遠景目標的建議，其中首次提出要啓動《紹興大典》的編纂出版工作。

二〇二一年二月五日，紹興市第八届人民代表大會第六次會議批准了市政府根據市委建議編製的紹興市「十四五」規劃和二〇三五年遠景目標綱要，其中又專門寫到要啓動《紹興大典》的編纂出版工作。二月八日，紹興市人民政府正式印發了這個重要文件。

二〇二二年二月二十八日的中共紹興市第九次代表大會市委工作報告與三月三十日的紹興市九届人大一次會議政府工作報告，均對編纂出版《紹興大典》提出了要求。

二〇二二年九月十五日，紹興市人民政府第十一次常務會議專題聽取了《〈紹興大典〉編纂出版工作實施方案》起草情況的匯報，決定根據討論意見對實施意見進行修改完善後，提交市委常委會議審議。九月十六日，中共紹興市委九届二十次常委會議專題聽取《〈紹興大典〉編纂出版工作實施方案》起草情況的匯報，並進行了討論，決定批准這個方案。十月十日，中共紹興市委辦公室、紹興市人民政府辦公室正式印發了《〈紹興大典〉編纂出版工作實施方案》。

（二）嚴謹的體例

在中共紹興市委、紹興市人民政府研究批准的實施方案中，《紹興大典》編纂出版的各項相關事宜，均得以明確。

一是主要目標。系統、全面、客觀梳理紹興文化傳承脉絡，收集、整理、編纂、研究、出版紹興地方文獻，使《紹興大典》成爲全國鄉邦文獻整理編纂出版的典範和紹興文化史上的豐碑，爲努力打造「文獻保護名邦」「文史研究重鎮」「文化轉化高地」三張紹興文化的金名片作出貢獻。

二是收録範圍。《紹興大典》收録的時間範圍爲：起自先秦時期，迄至一九四九年九月三十日，部分文獻酌情下延。地域範圍爲：今紹興市所轄之區、縣（市），兼及歷史上紹興府所轄之蕭山、餘姚。内容範圍爲：紹興人的著述，域外人士有關紹興的著述，歷史上紹興刻印的古籍善本和紹興收藏的珍稀古籍善本。

三是編纂方法。對所録文獻典籍，按經、史、子、集和叢五部分類方法編纂出版。

根據實施方案明確的時間安排與階段劃分，在具體編纂工作中，采用先易後難、先急後緩，邊編纂出版、邊深入摸底的方法。即先編纂出版情況明瞭、現實急需的典籍，與此同時，對面上的典籍情況進行深入的摸底調查。這樣的方法，既可以用最快的速度出書，以滿足保護之需、利用之需，又可以爲一些難題的破解争取時間；既可以充分發揮我國實力最强的專業古籍出版社中華書局的編輯出版優勢，又可以充分借助與紹興相關的典籍一半以上收藏於我國古代典籍收藏最爲宏富的國家圖書館的優勢。這是最大限度地避免時間與經費上的重複浪費的方法，也是地方文獻編纂出版工作方法上的創新。

另外，還將適時延伸出版《紹興大典·要籍點校叢刊》《紹興大典·文獻研究叢書》《紹興大典·善本影真叢覽》等。

（三）非凡的意義

正如紹興的文獻典籍在中華文獻典籍史上具有重要的影響那樣，編纂出版《紹興大典》的意義，同樣也是非同尋常的。

一是編纂出版《紹興大典》，對於文獻典籍的更好保護——活下來，具有非同尋常的意義。歷史上的文獻典籍，是中華文明歷經滄桑留下的最寶貴的東西。然而，這些瑰寶或因天災人禍，或因自然老化，或因使用過度，或因其他緣故，有不少已經處於岌岌可危甚至奄奄一息的境況。

編纂出版《紹興大典》，可以爲系統修復、深度整理這些珍貴的古籍爭取時間；可以最大限度呈現底本的原貌，緩解藏用的矛盾，更好地方便閱讀與研究。這是文獻典籍眼下的當務之急，最好的續命之舉。

二是編纂出版《紹興大典》，對於文獻典籍的更好利用——活起來，具有非同尋常的意義。歷史上的文獻典籍，流傳到今天，實屬不易，殊爲難得。它們雖然大多保存完好，其中不少還是善本，但分散藏於公私，積久塵封，世人難見；也有的已成孤本，或至今未曾刊印，僅有稿本、抄本，秘不示人，無法查閱。

編纂出版《紹興大典》，將穿越千年的文獻、深庋密鎖的秘藏、散落全球的珍寶匯聚起來，化身萬千，走向社會，走近讀者，走進生活，既可防它們失傳之虞，又可使它們嘉惠學林，也可使它們古爲今用，文旅融合，還可使它們延年益壽，推陳出新。這是於文獻典籍利用一本萬利、一舉多得的好事。

三是編纂出版《紹興大典》，對於文獻典籍的更好傳承——活下去，具有非同尋常的意義。歷史上的文獻典籍，能保存至今，是先賢們不惜代價，有的是不惜用生命爲代價换來的。對這些傳承至今的古籍本身，我們應當倍加珍惜。

編纂出版《紹興大典》，正是爲了述録先人的開拓，啓迪來者的奮鬥，使這些珍貴古籍世代相傳，使藴藏在這些珍貴古籍身上的中華優秀傳統文化世代相傳。這是中華文化創造性轉化、創新性發展的通途所在。

編纂出版《紹興大典》，是紹興文化發展史上的曠古偉業。編成後的《紹興大典》，將成爲全國範圍内的同類城市中，第一部收録最爲系統、内容最爲豐贍、品質最爲上乘的地方文獻集成。

紹興這個地方，古往今來，都在不懈超越。超乎尋常，追求卓越。超越自我，超越歷史。《紹興大典》的編纂出版，無疑會是紹興文化發展史上的又一次超越。

道阻且長，行則將至；行而不輟，成功可期。「後之視今，亦猶今之視昔」；「後之覽者，亦將有感於斯文」（《蘭亭集序》）。讓我們一起努力吧！

馮建榮

二〇二三年六月十日，星期六，成稿於寓所

二〇二三年中秋、國慶假期，校改於寓所

編纂説明

紹興古稱會稽，歷史悠久。

大禹治水，畢功了溪，計功今紹興城南之茅山（苗山），崩後葬此，此山始稱會稽，此地因名會稽，距今四千多年。

大禹第六代孫夏后少康封庶子無餘於會稽，以奉禹祀，號曰「於越」，此爲吾越得國之始。《竹書紀年》載，成王二十四年，於越來賓。是亦此地史載之始。

距今兩千五百多年，越王句踐遷都築城於會稽山之北（今紹興老城區），是爲紹興建城之始，於今城不移址，海内罕有。

秦始皇滅六國，御海内，立郡縣，成定制。是地屬會稽郡，郡治爲吴縣，所轄大率吴越故地。東漢順帝永建四年（一二九），析浙江之北諸縣置吴郡，是爲吴越分治之始。會稽名仍其舊，郡治遷山陰。由隋至唐，會稽改稱越州，時有反復，至中唐後，「越州」遂爲定稱而至於宋。所轄時有增減，至五代後梁開平二年（九〇八），吴越析剡東十三鄉置新昌縣，自此，越州長期穩定轄領會稽、山陰、蕭山、諸暨、餘姚、上虞、嵊縣、新昌八邑。

建炎四年（一一三〇），宋高宗趙構駐蹕越州，取「紹奕世之宏庥，興百年之丕緒」之意，下詔從建炎五年正月改元紹興。紹興元年（一一三一）十月己丑升越州爲紹興府，斯地乃名紹興，沿用至今。歷史的悠久，造就了紹興文化的發達。數千年來文化的發展、沉澱，又給紹興留下了燦爛的文化載體——鄉邦文獻。保存至今的紹興歷史文獻，有方志著作、家族史料、雜史輿圖、文人筆記、先賢文集、醫卜星相、碑刻墓誌、摩崖遺存、地名方言、檔案文書等不下三千種，可以説，凡有所録，應有盡有。這些文獻從不同角度記載了紹興的山川地理、風土人情、經濟發展、人物傳記、著述藝文等各個方面，成爲人們瞭解歷史、傳承文明、教育後人、建設社會的重要參考資料，其中許多著作不僅對紹興本地有重要價值，也是江浙文化乃至中華古代文化的重要組成部分。

紹興歷代文人對地方文獻的探尋、收集、整理、刊印等都非常重視，並作出過不朽的貢獻，陳橋驛先生就是代表性人物。正是在他的大力呼籲下，時任紹興縣政府主要領導作出了編纂出版《紹興叢書》的決策，爲今日《紹興大典》的編纂出版積累了經驗，奠定了基礎。

時至今日，爲貫徹落實習近平總書記系列重要講話精神，奮力打造新時代文化文明高地，重輝「文獻名邦」，中共紹興市委、市政府毅然作出編纂出版《紹興大典》的決策部署。延請全國著名學者樓宇烈、袁行霈、安平秋、葛劍雄、吴格、李岩、熊遠明、張志清諸先生參酌把關，與收藏紹興典籍最豐富的國家圖書館等各大圖書館以及專業古籍出版社中華書局展開深度合作，成立專門班子，精心規劃組織，扎實付諸實施。《紹興大典》是地方文獻的集大成之作，出版形式以紙質書籍爲主，同步開發建設數據庫。其基本内容，包括以下三方面：

一、《紹興大典》影印精裝本文獻大全。這方面内容囊括一九四九年前的紹興歷史文獻，收録的原則是「全而優」，也就是文獻求全收録；同一文獻比對版本優劣，收優斥劣。同時特别注重珍稀性、孤罕性、史料性。

《紹興大典》影印精裝本收録範圍：

時間範圍：起自先秦時期，迄至一九四九年九月三十日，部分文獻可酌情下延。

地域範圍：今紹興市所轄之區、縣（市），兼及歷史上紹興府所轄之蕭山、餘姚。

内容範圍：紹興人（本籍與寄籍紹興的人士、寄籍外地的紹籍人士）撰寫的著作，非紹興籍人士撰寫的與紹興相關的著作，歷史上紹興刻印的古籍珍本和紹興收藏的古籍珍本。

《紹興大典》影印精裝本編纂體例，以經、史、子、集、叢五部分類的方法，對收録範圍内的文獻，進行開放式收録，分類編輯，影印出版。五部之下，不分子目。

經部：主要收録經學（含小學）原創著作；經校勘校訂，校注校釋，疏、證、箋、解、章句等的經學名著；爲紹籍經學家所著經學著作而撰的著作，等等。

史部：主要收録紹興地方歷史書籍，重點是府縣志、家史、雜史等三個方面的歷史著作。

子部：主要收録專業類書，比如農學類、書畫類、醫卜星相類、儒釋道宗教類、陰陽五行類、傳奇類、小説類，等等。

集部：主要收録詩賦文詞曲總集、别集、專集，詩律詞譜，詩話詞話，南北曲韻，文論文評，等等。

叢部：主要收録不入以上四部的歷史文獻遺珍、歷史文物和歷史遺址圖録彙總、戲劇曲藝脚本、報章雜志、音像資料等。不收傳統叢部之文叢、彙編之類。

《紹興大典》影印精裝本在收録、整理、編纂出版上述文獻的基礎上，同時進行書目提要的撰寫，並細編索引，以起到提要鈎沉、方便實用的作用。

二、《紹興大典》點校研究及珍本彙編。主要是《紹興大典》影印精裝本的延伸項目，形成三個成果，即《紹興大典·要籍點校叢刊》《紹興大典·文獻研究叢書》《紹興大典·善本影真叢覽》三叢。選取影印出版文獻中的要籍，組織專家分專題開展點校等工作，排印出版《紹興大典·要籍點校叢刊》；及時向社會公布推出出版文獻書目，開展《紹興大典》收録文獻研究，分階段出版研究成果《紹興大典·文獻研究叢書》；選取品相完好、特色明顯、内容有益的優秀文獻，原版原樣綫裝影印出版《紹興大典·善本影真叢覽》。

三、《紹興大典》文獻數據庫。以《紹興大典》影印精裝本和《紹興大典·要籍點校叢刊》《紹興大典·文獻研究叢書》《紹興大典·善本影真叢覽》三叢爲基幹構建。同時收録大典編纂過程中所涉其他相關資料，未用之版本，書佚目存之書目等，動態推進。

《紹興大典》編纂完成後，應該是一部體系完善、分類合理、全優兼顧、提要鮮明、檢索方便的大型文獻集成，必將成爲地方文獻編纂的新範例，同時助力紹興打造完成「歷史文獻保護名邦」「地方文史研究重鎮」「區域文化轉化高地」三張文化金名片。

《紹興大典》在中共紹興市委、市政府領導下組成編纂工作指導委員會，組織實施並保障大典工程的順利推進，同時組成由紹興市爲主導、國家圖書館和中華書局爲主要骨幹力量、各地專家學者和圖書館人員爲輔助力量的編纂委員會，負責具體的編纂工作。

《紹興大典》編纂委員會

二〇二三年五月

史部編纂説明

紹興自古重視歷史記載，在現存數千種紹興歷史文獻中，史部著作占有極爲重要的位置。因其内容豐富、體裁多樣、官民兼撰的特點，成爲《紹興大典》五大部類之一，而别類專纂，彙簡成編。

按《紹興大典·編纂説明》規定：「以經、史、子、集、叢五部分類的方法，對收録範圍内的文獻，進行開放式收録，分類編輯，影印出版。五部之下，不分子目。」「史部：主要收録紹興地方歷史書籍，重點是府縣志、家史、雜史等三個方面的歷史著作。」

紹興素爲方志之鄉，纂修方志的歷史較爲悠久。據陳橋驛《紹興地方文獻考録》（浙江人民出版社，一九八三年版）統計，僅紹興地區方志類文獻就「多達一百四十餘種，目前尚存近一半」。在最近三十多年中，紹興又發現了不少歷史文獻，堪稱卷帙浩繁。

據《紹興大典》編纂委員會多方調查掌握的信息，府縣之中，既有最早的府志——南宋二志《（嘉泰）會稽志》和《（寶慶）會稽續志》，也有最早的縣志——宋嘉定《剡録》；既有耳熟能詳的《（萬曆）紹興府志》，也有海内孤本《（嘉靖）山陰縣志》；更有寥若晨星的《永樂大典》本《紹興府志》，等等。存世的紹興府縣志，明代纂修並存世的萬曆爲最多，清代纂修並存世的康熙爲最多。

家史資料是地方志的重要補充，紹興地區家史資料豐富，《紹興家譜總目提要》共收録紹興相關家譜資料三千六百七十九條，涉及一百七十七個姓氏。據二〇〇六年《紹興叢書》編委會對上海圖書館藏紹興文獻的調查，上海圖書館館藏的紹興家史譜牒資料有三百多種，據紹興圖書館最近提供的信息，其館藏譜牒資料有二百五十多種，一千三百七十八册。紹興人文薈萃，歷來重視繼承弘揚耕讀傳統，家族中尤以登科進仕者爲榮，每見累世科甲、甲第連雲之家族，如諸暨花亭五桂堂黄氏、山陰狀元坊張氏，等等。家族中每有中式，必進祠堂，祭祖宗，禮神祇，乃至重纂家乘。因此纂修家譜之風頗盛，聯宗聯譜，聲氣相通，呼應相求，以期相將相扶，百世其昌，因此留下了浩如煙海、簡册連編的家史譜牒資料。家史資料入典，將遵循「姓氏求全，譜目求全，譜牒求優」的原則遴選。

雜史部分是紹興歷史文獻中内容最豐富、形式最多樣、撰者最衆多、價值極珍貴的部分。記載的内容無比豐富，撰寫的體裁多種多樣，留存的形式面目各異。其中私修地方史著作，以東漢袁康、吴平所輯的《越絶書》及稍後趙曄的《吴越春秋》最具代表性，是紹興現存最早較爲系統完整的史著。

雜史部分的歷史文獻，有非官修的專業志、地方小志，如《三江所志》《倉帝廟志》《嶀陽志》等；有以韻文形式撰寫的如《山居賦》《會稽三賦》等；有碑刻史料如《會稽刻石》《龍瑞宫刻石》等；有詩文游記如《沃洲雜詠》等；有珍貴的檔案史料如《明浙江紹興府諸暨縣魚鱗册》等；有名人日記如《祁忠敏公日記》《越縵堂日記》等；有綜合性的歷史著作如海内外孤本《越中雜識》等；也有鉤沉稽古的如《虞志稽遺》等。既有《救荒全書》《欽定浙江賦役全書》這樣專業的經濟史料，也有《越中八景圖》這樣的圖繪史料等。舉凡經濟、人物、教育、方言風物、名人日記等，應有盡有，不勝枚舉。尤以地理爲著，諸如山川風物、名勝古迹、水利關津、衛所武備、天文医卜等，莫不悉備。

這些歷史文獻，有的是官刻，有的是坊刻，有的是家刻。有特別珍貴的稿本、鈔本、寫本，也有珍稀孤罕首次面世的史料。由於《紹興大典》的編纂出版，這些文獻得以呈現在世人面前，俾世人充分深入地瞭解紹興豐富多彩的歷史文化。受編纂者學識見聞以及客觀條件之限制，難免有疏漏錯訛之處，祈望方家教正。

《紹興大典》編纂委員會
二〇二三年五月

康熙山陰縣志

三十八卷

〔清〕高登先修，〔清〕沈麟趾、單國驥纂

清康熙十年（一六七一）刻本

影印説明

《（康熙）山陰縣志》三十八卷，清高登先修，清沈麟趾、單國驥纂。清康熙十年（一六七一）刻本。半葉九行行二十字，小字雙行同，白口，單魚尾，左右雙邊，有圖。原書版框尺寸高21釐米，寬15.1釐米。書前有康熙十年知紹興府事張三異序、孫魯序、高登先續修山陰縣志序以及王嗣皋序，另有山陰縣修志姓名。書後有高基重跋。卷首鈐「任振采所收方志之一」朱文印，可知爲任振采舊藏。

高登先，字于岸，湖北鍾祥人，順治十六年（一六五九）進士，初任山陰縣令，《（同治）鍾祥縣志》卷十一「耆舊」有傳。沈麟趾，字天石，會稽山陰人，另纂修有《（康熙）金華府志》。

此次影印，以天津圖書館藏本爲底本。原書卷十六缺第二十葉，今據中國科學院圖書館藏本補。另據《中國地方志聯合目録》，中國科學院圖書館、浙江圖書館等亦有收藏。

山陰縣志序

由昭代而溯黃農可考者惟器與書器無過九鼎書無過禹貢其數適相儷後世廣之而圖史之學蔚然以興顧余嘗讀易至

賁之彖曰文明以止讀詩至烝
民篇曰有物有則夫賁云文矣
何以言止民云烝矣何以言則
豈不以離下艮上其道從上始
而是則是傚在示民不恌者乎

故物不可以苟合受之以貢物
不可以徒庚憤之以烝是道也
在古則爲山川風物在今則爲
簡編乘志卓犖哉勵世磨鈍與
時推移洪惟

昭代大一統而式九垓太史崇文外誌是採大者綱紀名教小者不失褒揚土風比於繁星之拱極祭川之先河矣山陰故漢舊邑自郡治去姑蘇而建焉上下

相維歷千百年靡有易者茲且
屬在首轄而顧使載籍坊湮民
志無所覩感縱鄭不我督能不
惕于心歲辛亥余檄行諸有司
亟修邑誌山陰實始之維時猶

有所誡誡夫贋者稗者訛者奪者方言者放而失者雜然並進誌之不足爲史重也幾于以傳翼經而經滋晦以疏廣義而義滋離絡郡符者奚不戛戛乎愼

諸而邑幸有令毅然斯事謂禮
先大宗別支子矣政在承流稱
指臂矣邑吾邑也邑有掌故託
于故老之流傳而不列于文詞
以傳後詎不出此剏夫治行于

名區都人士塾有藏書齒危髮
秀之倫上遡百年赫赫如前日
事沿革幾何名損益幾何議鄉
先生歿而祀于瞽宗者何例之
從吏習民安法維舊而惠維新

者田賦丁徭何若畇畇原隰維
禹甸之山陰故土其猶可按圖
而求乎余因思史之不可以無
誌猶郡之不可以無邑書曰如
網在綱又曰若作室有基無壞

碁羅而星置之千巖萬壑應接不暇其猶掌上之紋螺也所慮一卷之書昭往躅則是懸象魏則非循名失實而思廓然有以大變其俗也民其許我乎漢史

謂南斗星紀而魁次二星主會稽亦司政事兹山陰猶漢舊名郡與邑同之覽其版章詢其政事庶幾與鑄鼎作賦紹禹舊服哉虞夏氏而後風微可作則文

明以止有物有則邑以是達之

郡郡以是達之畿禹貢一則在

是矣誌之揚扢長吏非所問亦

曰八索言其求九丘言其聚有

多士在　皆

康熙十年三月上浣

賜進士第中憲大夫知紹興府事

漢陽張三畏謹撰

山陰縣誌七

山陰縣志序

邑之有志所以紀山川誌人物考食貨別沿革葢有史家之遺意焉至鉅典也山陰爲越郡首縣襟江帶海形勝甲東南魁奇雄傑禮樂文章之彥比肩接踵

天下之數名邦者指必第一屈也而縣志一書自勝國隆慶時邑令楊君與鄉先達張公內山栁公彬仲脩輯之後曠百餘年無過而問焉者文獻無徵典章淪落殊可歎也漢陽

禹木張公以廉明治郡百廢具
興檄諭屬城先脩邑志而以郡
志總其成山陰令鍾祥高公廉
介賢能爲治行第一首先告竣
余受而讀之不惟千巖萬壑蘭
亭柯山之勝宛在目前而歷代

忠良孝義文苑儒林班班可攷
于前書之訛者正之闕者補之
其自隆慶以迄今茲則網羅舊
聞搜採遺逸發凡起例既核且
備典則明而制度悉因革辨而
懲勸嚴余因歎是書之大有功

是邦而高公之政事文章爲不
可及也方今
天子神聖脩明典禮高公旦夕以
賢良奏最出入承明金馬著作
之廷行見功在國史豈止一鄉
一邑之被其澤也哉抑余有進

焉者張公之治郡第五倫劉寵之伯仲也高公之宰邑顧凱之之流亞也一方著美上媲古人使他年讀是志者或翹首而興思或頓足而起舞則楚中二賢已登乎三不朽之列又豈止一

時之文章政事已也四明王德邁先生今之班楊也實爲總裁而釐定焉其分纂校閱則邑庠彥沈麟趾單國驥以及朱起鵔馬式玉諸君皆博雅風藻質有其文與有勞績不可以不書是

爲序 皆

康熙十年辛亥臘月東吳孫魯

書

續修山陰縣志序

士自扃戶讀書便云不出門知天下事及分符綰綬有在州不盡知一州之民物在縣不盡知一縣之利弊者此不獨胷鮮智珠才

之經緯亦平時睹記猶有
弗周考詢尚多未備也故
必一州一邑之内咸深觀
而熟識如良於弈者弈必
有譜善於醫者鑒必有案
斯無愧乎州邑之長爾越

爲屬邑者八而山陰首邦也里二百一十有一西控小江東接會稽南連餘暨北梳大海洋洋乎大邑哉然官是土者疆域山川詎必其盡諳物産民風詎必

其盡察制度沿革人物古
今詎必其盡考所賴昔有
成書開卷而豁然省按圖
而洞然見柰時移風易運
逢鼎革名山之石匱之書
缺問罕百年之老文獻無

徵而信從莫據豈不為邑
有司大憲乎幸
漢陽張公大人奉
命蒞越下車來政平訟簡吏
畏民懷猶謂典籍不修是
為治無本也乃首以邑志

下檄山陰爲諸邑先爰延
文學熟於典故而長於載
筆者任纂緝則沈子麟趾
單子國驥任校訂則朱子
起鵔馬子式玉余亦從簿
書之隙親加讐校十閱月

而書迺告成始扵故明隆
慶之戊辰訖扵
皇清康熙之辛亥補綴周詳
燦如眉列噫百年廢興之
故與
盛朝肇造之典其略覩一斑

於茲乎故明規則凡田賦科目大約定于萬曆以後漸成濫觴而風俗亦不可問啓禎之際大運淩遲賴士節不衰而忠義屢見

清興一代制度聿新雖一邑

具有天下之全模今取所謂風土人物諸項悉載之於編亦猶治一室者必舉家之田產財物盡籍其多寡美惡家之子弟臧獲盡知其賢愚不肖而爲家督

者始得經理之整頓之焉
耳昔傳僧佑父子孫三世
宰山陰人皆傳其治縣有
譜余以為治道若大路然
豈真有譜可私習哉必以
為果有其譜也請即以斯

志當之可矣

旹

康熙十年冬十月之吉

賜進士第文林郎知山陰縣

事高登先撰

序

職方氏視禹貢較詳獨先會稽豈不以有夏氏東巡而封域爲始盛哉由帝迄王堯著晉舜禹之蹟並著越賦風俗者代多揚

厲惟孫因越問特標大體則志所自來聖人行之而時至事起學士揉之而歌風賡俗良亦運會之所趨也開於先必昌於後自其後而觀之道惟古治惟新

開之者一二昌之者且什百未
有已而聖人亦似懸其數以待
後人之增華後人咸受成焉莫
之或逾勢則然也越爲揚州之
一山陰爲越之一漢踵秦名尙

矣朱翠華巡幸得於山陰舉大
亨禮以紀元名紹興而邑則治
其舊蓋不惟嘉名之永錫殆亦
聖人之澤之不可湮而區區謂
虞夏後駐蹕數四爲斯邑光豈

遂以光邑乘者哉余世句章越人也今且以越人言越事而句章覩山陰道如咫漢及隋唐隸會稽旋隸越越之有句章嘗幷姚江而邑之矣然則以越言越

詎致出於誇而風熾所至雖欲不沾沾而不可得猶夫宋孫因之由句章入姚江輙有越問數千言然其自序猶曰欲補越絕之所未載廣越賦之所未備而

未能也剏余瞠乎其後欲於今

之邑志爲續貂爲學步乎且夫

孫子以一代之儒從燕薦中熟

摩往牒及其餒而爲文爲賦萃

山川之奇氣飄飄凌雲遡王梅

王序 四

溪則遲五十餘載封疆人物吏

治民隱覃思幾盡而余方以鞅

掌王事之軀偶一偃息之暇謬

期考古鏡今進山陰志而釐定

之其不爲博物諸君子之所嘗

議亦厚幸矣況邑志之修自明隆慶戊辰迄今百有三稔其閒事與時移所謂得失之林是耶非耶幸邑中名卿碩彥項背相望蒐故實而網羅焉時經寒暑

[illegible]

互爲藩訂重以守是邦者治行

卓絶有

漢陽張公以政餘綜其文獻而

郢中高侯雅意秉流系以臧否

古所稱相得益彰斯其允協已

哉滋愧者自分譾劣當此以越
言越而未能繼句章孫子之後
登高一賦惟沐虞夏氏之遺風
睪然思前之聖人經綸於屯與
兹之聲教復且於後洋洋大邑

今昔有同揆也猗歟盛矣　旹

康熙十年辛亥歲長至日

賜進士桂林郡守句章王嗣皐撰

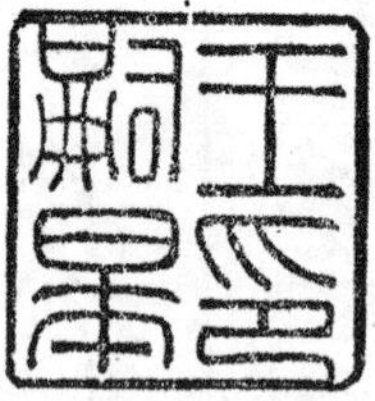

山陰縣脩誌姓名

中憲大夫知紹興府事漢陽張三異鑒定
奉政大夫同知紹興府事常熟孫　魯
承直郎通判紹興府事華亭張雲孫仝定
文林郎知山陰縣　事鍾祥高登先重脩
原任廣西桂林府知府慈谿王嗣皐訂正
山陰縣儒學教諭舉人嘉典高基重編次
京卿仍管戶科給事中邑人姜希轍
江南布政司參政分守江鎮道邑人胡昇猷

原任江南鎮江府推官邑人張　陛
進士候選知縣邑人茹　鉉仝較
本邑廪生沈麟趾
單國驥纂輯
朱起鮫
馬式玉參訂

山陰縣誌目錄

目錄終

山陰縣志卷第一

疆域志

沿革　分野　區界　坊里　市鎮　郵舍

衢路

先王經理天下封疆異域觀分野以考星别區界以辨土居四民就地利而坊里市鎮列焉若夫郵傳設而四方之禁令達矣至於禦暴而鞏金湯振武而先警備封域之所以奠安者此也長民者時周咨而克保障之邑之民其賡有永賴焉

〔補〕志疆域而首沿革著世也世有考而古今之制統是矣越分野牽牛古史載之劉誠意有清類分野志則曰牽牛婺女是兼二宿也象緯之學姑不深求至於區界以內則可按籍而數也隨時調劑因勢變通實不可泥亦在蒞茲土者視邑如家弗忘民瘼而可矣

歷代沿革

周官職方氏東南曰揚州其山曰會稽會稽本苗山禹會計諸侯而崩因葬焉故名也自少康庶子

夫餘受封稱於越歷勾踐二十餘世而始覇傳六世至王無疆而亾入於楚楚滅入秦秦罷侯置守始皇二十五年改大越爲山陰輿地志云縣在山之陰故云而置會稽郡釋職方者謂會稽在山陰史記註家亦謂禹冢在山陰會稽山上則會稽特以山得名實山陰地也漢初其地屬荆王賈旣而屬吳王濞國除乃復爲會稽郡郡自東漢順帝永建時徙治山陰晋宋迄於齊梁互有分合而山陰爲領縣不改隋平陳廢山陰爲會稽唐武德七年拆會稽而置山陰明年再廢武后朝再復大曆中刺史薛兼訓

奏省之陳少游復奏置至元和十年縣始定宋元

迄明皆因之

國朝亦無所更易稱東南望邑焉

秦置會稽郡郡治在吳漢因之領縣二十四山陰則其一也昭帝時增爲二十六光武時增爲二十七順帝永建四年分十三縣置吳郡會稽移治山陰領縣止十四山陰亦居其一焉今誤云秦及西漢之會稽卽在山陰地是不考沿革之故也

分野

（補）古今爲分野之說者言其概則分以十二辰言其詳則分以二十八宿按吳越係楊州晋書天文

志陳卓所定自南斗十一度至須女七度爲星紀于辰在丑吳越之分唐宋稍異焉元書郭守敬所定自南斗四度九分至須女二度一十二分爲星紀于辰在丑吳越之分先後差六度有奇然非互異也凡太陽黄道二十八宿直之每宿有一距星距者以此宿與彼宿相距之界也自漢迄宋皆以斗柄爲距星故吳越分野始于南斗十一度至須女七度其自斗十一度以前每占燕分多不驗郭守敬精算特絶不以斗柄爲距星而以斗魁爲距

星實從唐時僧一行之論悟入唐書載一行分野篇凡分野以雲漢貫注列宿相符爲驗乃曰南斗在雲漢下流故當淮海間爲吳分而牽牛去南河寖遠故自豫章至會稽郡又南逾嶺徼皆爲越分一行闡其理郭守敬精其算明誠意伯劉基有清類分野志係以唐書僧一行之論而劉誠意所指紹興府則曰牛女分野夫既言牛矣又何以言女凡占驗山陰之地與海稍遠者以牽牛驗其沿海一帶皆驗于須女然牛女二宿仍以南斗爲領故

吳越分野同占天官家知之難與儒家言也特爲存其畧　四明王德邁嗣皐記

區界

縣之封境東西九十八里南北一百一十八里東至會稽縣不二里許界運河而中分之東北以宋家溇爲界南至諸暨縣界五十里絕古博嶺西南達於浣江北至海岸四十里沙堤極目轉徙無常海之北岸則嘉興之澉浦也西至錢清五十五里界蕭山縣西北亦達於海

坊里今制縣治所統內爲隅外爲都隅凡二領坊二十三都凡四十七幷鎮都領啚一百八十六內外總二百九里嘉靖二十年知縣許東望會造黃册於二十九都內申明塈立一里今總二百十里

西南隅領坊九

大辛坊一啚　大雲坊二啚　東觀坊三啚　紫金坊四啚五顯街有旌善申明亭　下植利坊五啚　上植利坊六啚　美政坊七啚　常禧坊八啚　南和豐坊九啚

按西南隅宋元舊名水溝坊京兆坊天井坊南觀

仁坊開元坊甲子坊蕙蘭坊德惠坊大市門坊施水坊顯應坊柴場坊槿畦坊車水坊秦望坊南市坊華嚴坊鐵釘坊富民坊小驛坊菩提坊獅子坊愛民坊耀靈坊河南坊

西北隅領坊十四

西光相坊一啚　迎恩坊二啚　戒珠坊三啚

東中正坊四啚　筆飛坊五啚　西中正坊六啚

東光相坊七啚　東如坻坊八啚　朝京坊九啚

有旌善申明亭下和豐坊十啚　昌安坊十一啚　萬安

坊十二啚　西如坻坊十三啚　承恩坊十四啚

按西北隅宋元舊名雙橋坊狀元坊斜場坊草藐坊板橋坊石灰坊北市坊新安坊少微坊武勲坊二隅古坊俱洪武二十四年併省

第一都感鳳鄉五里昌安街有旌善申明亭　二都巫山鄉七里則水牌有旌善申明亭　三都巫山鄉二里宋家溇有旌善申明亭　四都感鳳鄉五里鍾家甲有旌善申明亭　五都感鳳鄉六里玉山陡門有旌善申明亭　六都感鳳鄉二里栢林有旌善申明亭　七都靈芝東鄉三里成家坂有旌善申明亭　八都靈芝東鄉二里小觀有旌

善申明亭九都靈芝西鄉二里霞頭有旌善申明亭十都靈芝西鄉六里賞祊有旌善申明亭十一都梅市鄉二里東浦有旌善申明亭十二都梅市鄉二里上宅有旌善申明亭十三都梅市鄉十里周家橋有旌善申明亭十四都靈芝西鄉四里後梅有旌善申明亭十五都梅市鄉五里湖桑有旌善申明亭十六都溫泉東鄉三里梅市有旌善申明亭十七都溫泉東鄉七里柯山有旌善申明亭十八都溫泉東鄉六里湖塘有旌善申明亭十九都溫泉西鄉四里興塘有旌善申明亭二十都溫泉西鄉四里下宅有旌善申明亭二十一都溫泉西鄉三里壽勝有旌善申明亭二十二都

迎恩鄉四里花徑有旌善申明亭二十三都迎恩鄉二里容山有旌善申明亭二十四都迎恩鄉一里阮港有旌善申明亭二十五都迎恩鄉七里瀉渚有旌善申明亭二十六都迎恩鄉三里缸橋有旌善申明亭二十七都迎恩鄉六里又承務鄉跨湖橋有旌善申明亭二十八都承務鄉二里螞蝗橋有旌善申明亭二十九都承務鄉三里內新立一里謝墅有旌善申明亭三十都承務鄉二里破塘有旌善申明亭三十一都承務鄉二里花街有旌善申明亭三十二都承務鄉一里任家坂有旌善申明亭三十三都旌善鄉八里湖門有旌善申明亭三十四都旌善鄉七里亭後有旌善申

明亭三十五都禹會鄉二里板橋有旌善申明亭三十六都禹會鄉三里前梅有旌善申明亭三十七都新安鄉三里牛頭山有旌善申明亭三十八都新安鄉三里捨浦有旌善申明亭三十九都新安鄉三里江塘有旌善申明亭四十都天樂鄉三里黃灣有旌善申明亭四十一都天樂鄉三里天樂有旌善申明亭四十二都天樂鄉三里天樂有旌善申明亭四十三都天樂鄉四里歡潭有旌善申明亭四十四都安昌鄉三里馬鞍有旌善申明亭四十五都安昌鄉三里丈午村有旌善申明亭四十六都安昌鄉五里又清風鄉下方橋有旌善申明亭四十七都清風鄉九里移風

有旌善申明亭鎮禹會鄉二里錢清有旌善申明亭

按康熙九年本邑都啚册籍大同小異如十九都溫泉西鄉舊額四里今止二里　二十八都承務鄉舊止二里今實三里　二十九都承務鄉舊止三里今實四里　三十八都新安鄉舊止三里今實四里　四十一都天樂鄉舊額三里今止二里增减之數殊有不同後來逢大造之期通移轉換更不可知故特存舊額而以現在者臚列於後云

市鎮 關埠附

市凡十一

清道橋市去縣東一里　酒務橋市去縣東南半里　江橋市去縣東北里　〔三〕滴渚市去縣南四十里　柯橋市去縣西四十里　夏履橋市去縣西南五十里　錢清市去縣西北五十里　安昌市去縣西北五十里　玉山陡亹市去縣北二十里　下方橋市去縣北三十里　東浦市去縣西北十里

埠凡十二

滴渚埠去縣西南三十五里　壽勝埠去縣西四十里　破塘埠去縣西四十里　古城埠去縣西三十八里　夏履埠去縣西五十里　興塘埠去縣西四十二里　婁公埠去縣南二十里　項里埠去縣西南二十里　阮港埠去縣西南

二十五里 西巫埠去縣西南十三里 南池埠去縣南二十里 木栅埠去縣南二十五里

鎮凡一

錢清鎮去縣西五十里與蕭山縣爲界舊有錢清江江有壩乃赴杭之要津今江已湮廢行舟直抵西興行旅便之

關凡五

錢清關去縣西五十里 漓渚關去縣南四十里 清潭關去縣西八十里 花街關去縣西南四十里 三江關去縣東北三十里 洪熙間巡按御史尹崇高奏廢之

郵舍

衝要七鋪府前爲總鋪縣西北十里爲青田鋪又十里爲高橋鋪又十里爲梅墅鋪又十里爲柯橋鋪又十里爲白塔鋪又十里爲錢清鋪次衝要四鋪縣西南爲鑑湖鋪又十里爲金家店鋪又十里爲赤土鋪又十里爲洪口鋪偏僻三鋪縣東北十里爲昌安鋪又十里爲鹿山鋪又十里爲三江鋪

衢路

寶慶續志云越爲會府衢道久不修治遇雨泥淖

幾於沒膝嘉定十七年守汪綱至乃計工伐石在
在繕砌浚治其湮塞整齊其嶔崎除閧陌之穢汙
復河渠之便利道塗堤岸以至橋梁靡不加葺經
畫有條役且無擾始於府橋至軒亭及南北兩市
由府前至鎮東軍門賢良坊至府橋水澄坊至鯉
魚橋沿河夾岸迤邐增築暨大小路迎恩門內外
至鴻橋牽滙坦夷如砥井里嘉歎實爲悠久惠利
云
今府城內衢路由府署南下爲蓮花橋又爲紫金

街爲拜王橋自蓮花橋過西爲山陰縣又西南爲
府城隍廟爲稽山書院又轉而西稍北爲王公池
南爲常禧門由府署西爲太清道院皆傍卧龍山
由紫金街東爲山陰城隍廟由拜王橋西爲水偏
門轉東南爲鮑郎山後爲教場由鎮東閣東過府
橋爲横街轉而北爲軒亭又北爲大善寺江橋南
爲清道橋又南上爲蕙蘭橋大雲橋南至南堰門
由蕙蘭橋轉而北爲布政分司紹興衛由大雲橋
西爲塔山前爲山陰學由府橋折而南爲鹽運分

司酒務橋由鎮東閣折而北爲佑聖觀東爲火珠山火珠巷按察分司蛾眉山北爲倉橋東爲水澄巷西爲如坻倉又西爲鐵甲營又西爲鯉魚橋又西爲養濟院旋南過錦鱗橋爲線長營卧龍山後一帶再南卽總捕廳衙門及稅課司由鯉魚橋北下而爲武勳坊西小路東則新河巷再北則爲北大路北小路而至迎恩門過東則筆飛坊探花橋再北則戒珠山下馬橋至昌安門止

水路西北出西郭水門由運河西至于錢清鎮凡

五十里又由錢清之水路西南至於臨浦凡八十
里東北至於匾拖閘達於三江口凡七十里東南
出常禧門至於婁公埠凡三十里登岸由陸路西
南至於諸暨縣界三十里南出南堰門由水路南
至於秦望諸山之中東北出昌安門由水路北至
於玉山斗門達於三江海口凡三十里

卷一

山陰分治圖

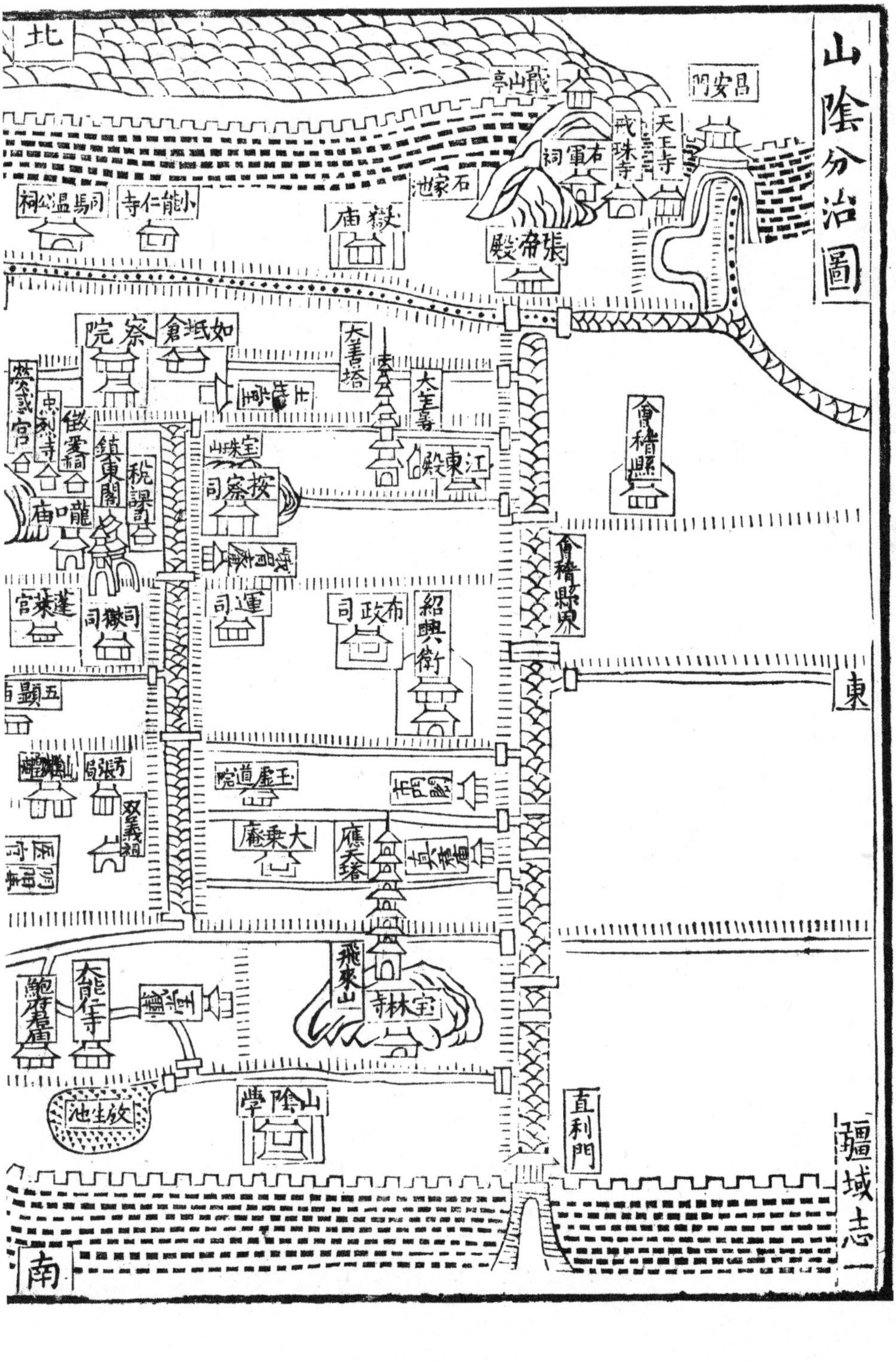
北
昌安門
蕺山亭
天王寺
戒珠寺
右軍祠
石家池
嶽廟
小能仁寺
司馬溫公祠
張帝殿
察院
如坻倉
大善塔
會稽縣
江東殿
寶珠山
按察司
稅課司
鎮東閣
龍口廟
會稽縣界
蓬萊宮
司獄司
運司
布政司
紹興衛
東
玉虛道院
大乘庵
應天塔
雙義祠
飛來山
寶林寺
大能仁寺
放生池
山陰學
直利門
南
疆域志一

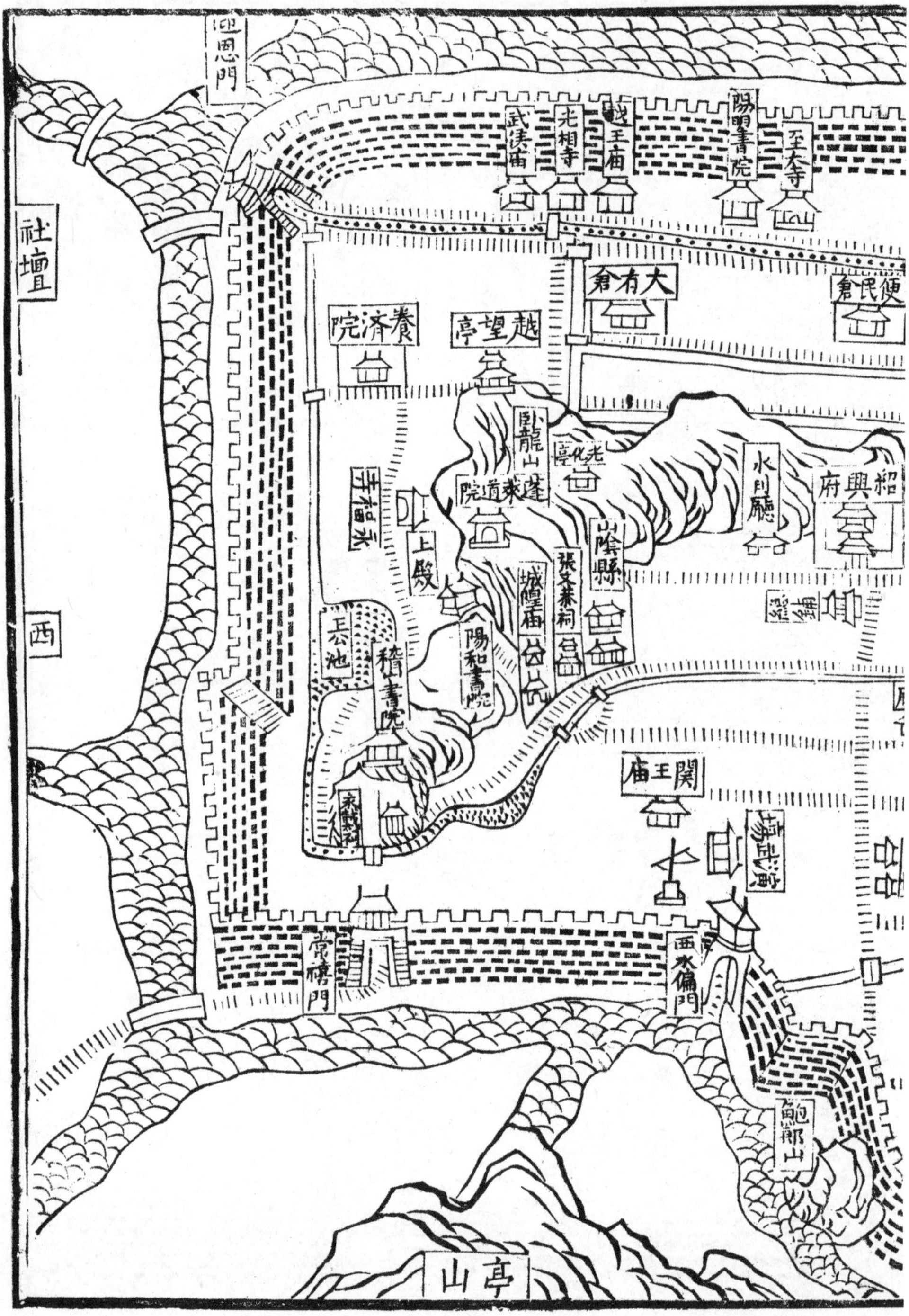
迎恩門
社壇
光相寺
越王廟
陽明書院
至大寺
大有倉
便民倉
養濟院
越望亭
臥龍山
光化亭
蓬萊道院
永福寺
上殿
水月廳
紹興府
山陰縣
張文恭祠
城隍廟
王公池
稽山書院
陽和書院
關王廟
西
常禧門
西水偏門
鮑郎山
亭山

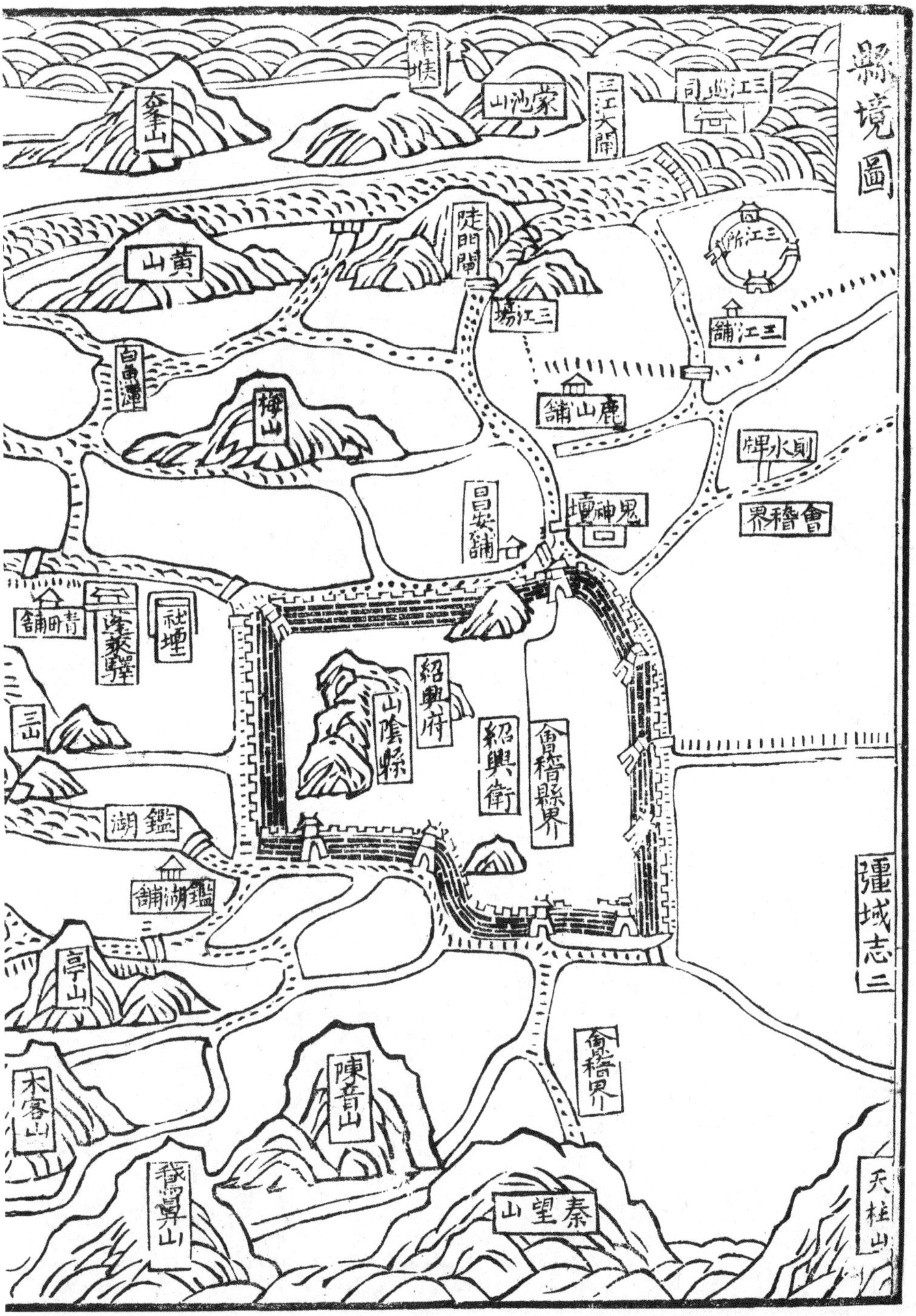
縣境圖
三江巡司
三江大閘
家池山
黃山
陡門閘
三江所
三江場
三江舖
白魚潭
梅山
鹿山舖
則水牌
鬼神壇
會稽界
昌安舖
青田舖
蓬萊驛
社壇
紹興府
山陰縣
紹興衛
會稽縣界
三山
鑑湖
鑑湖舖
亭山
陳音山
木客山
會稽界
秦望山
天柱山
疆域志二

至北
烽堠
海塘
馬鞍山
扁拖閘
夾蓬閘
獨婦山
狹猺湖
高橋舖
青田湖
梅里尖
秦家山
沸石湖
容山
戴於山
容山湖
阮港山
峽山
蘭亭泉
新亭
金家店舖
赤土舖
婁公山
法華山
蘭渚山
南至諸

大海
縣境圖二
烽堠
海塘
党山
金山
白洋巡司
羊石山
瓜子湖
柯橋
梅市鋪
柯橋鋪
柯山
秋湖
州山
項里山
鉢盂山
覆舡山
花徑山
銅井山
六峯
疆域志三
暨縣界

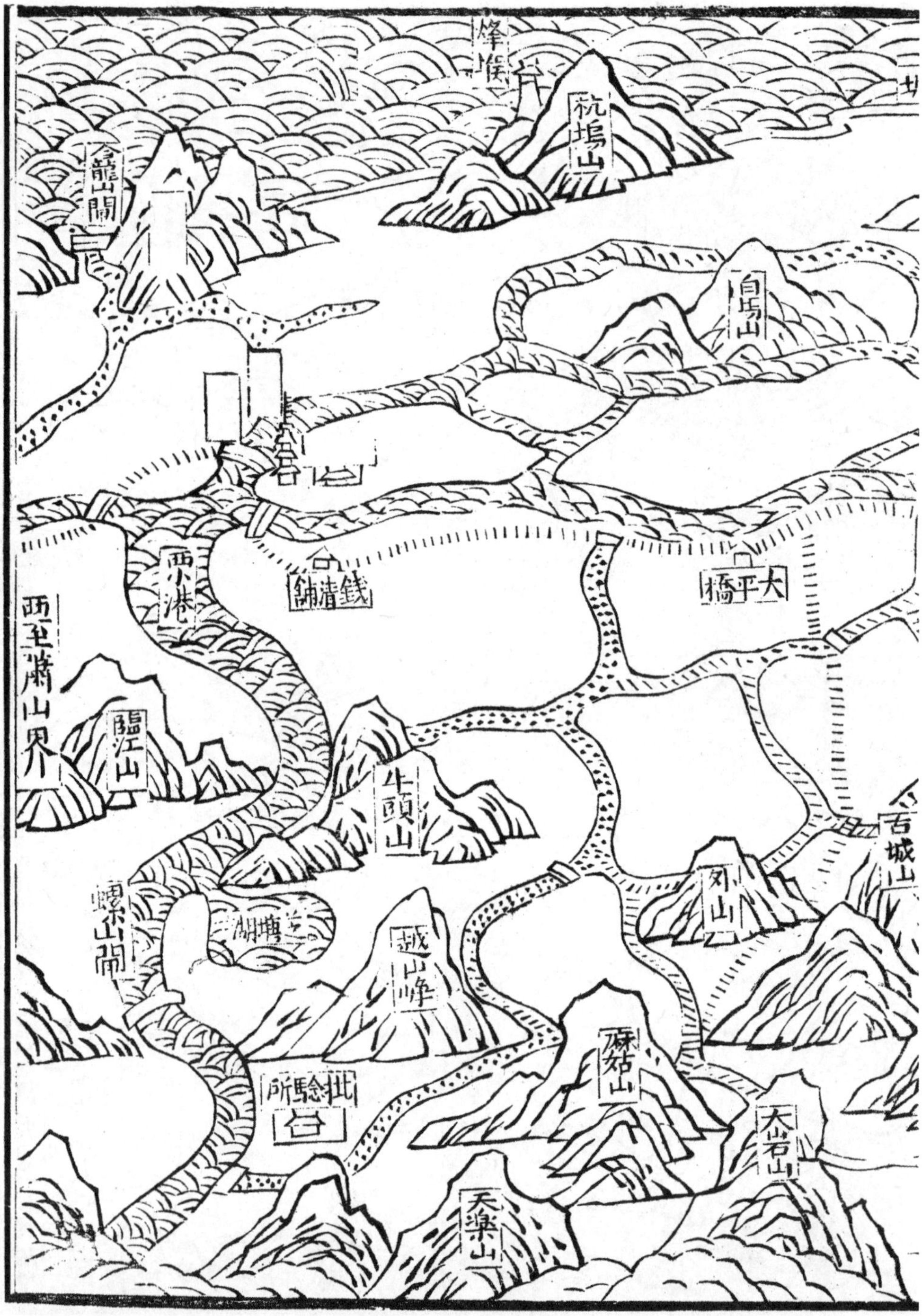
烽堠
杭塢山
龍山閘
白馬山
西小港
錢清舖
大平橋
西至蕭山界
臨江山
牛頭山
古城山
螺山閘
湖塘
越山峥
刻山
麻姑山
批驗所
大岩山
天樂山

山陰縣志卷第二

城池志

縣城　所城　巡司城　廢城

（補）浙之名城數十然未有若蠡城之最鞏固也自越覇以來屢經改拓非復少伯之舊則蒙業而安賴金湯不淺雖然衆志成城古語不誣又豈專恃地利而已哉

山陰大城者范蠡所築治也自會稽郡治山陰郎爲郡城其羅城隋開皇中越國公楊素所築其子

城則宋皇祐初守刁約所奏築也唐乾寧中錢鏐修羅城宋皇祐中守王逵復加修焉且浚治城壕宣和初劉中顯守越治城禦方寇嘗少縮其西南隅嘉定十三年守吳格修補之而旋復摧圮十六年守汪綱乃按羅城重加繕治并修諸城門西曰迎恩門（俗謂西郭門）西南曰常禧門（俗謂偏門水偏門二門相隔一里）南曰植利門（俗謂南堰門）北曰三江門（即今昌安門）其五雲門都泗門稽山門東郭門則皆隸會稽境也溝塹亦同蓋今郡城雖東西分域而山陰實居其大半

焉元至正十三年浙江廉訪僉事萬滿帖木爾增
築加廣復隋唐之舊始甃以石增置月城開塹遶
之十八年樞密副使呂珍鎮越因禦兵增浚壕塹
廣五尺深二丈明嘉靖二年秋七月颶風大作城之樓堞
半圮知府渭南南大吉悉修復之城賴以永固崇
禎癸未年八月金華許都倡亂震鄰紹司理陳子
龍鄉官余煌建議增設耳城五座以捍之至
國朝順治辛丑年部院李率泰督郡邑併城齒每垜
頭高六尺四寸廣一丈垜中設孔隙便於發矢銃

十梁復置砲臺城自是益堅城自昌安門東界石起至植利門西界止共長一千八百八十丈二尺二寸梁三千六百一十四個今改造併梁一千六百五十個

三江所城去縣北三十里在浮山之陽明洪武二十年信國公湯和所築踐山背海爲方三里二十步高一丈八尺厚如之水門有四北門則堵焉城樓四敵樓三月城三引河爲池可通舟楫兵馬司廳四窩鋪二十女墻六百五十八墩臺七

三江巡檢司城在龜山之上浮山之北麓與三江所城南北相峙爲東海之門亦湯和所築門一西出舊無女墻嘉靖二年海有倭寇始增之方一里二十步高二丈厚一丈八尺窩舖四城樓一女墻三百六十十六

白洋巡檢司城去縣北五十八里大海之上有白洋山緣山而城亦湯和所築方一百一十丈高一丈一尺厚一丈城門一譙樓窩舖四女墻一百七十六

廢城凡四勾踐小城按越絕云山陰城周二百二十三步陸門四水門一以今考之在今西南西北二隅之內

苦竹城去縣西南二十九里按越絕云勾踐滅吳還封范蠡子以報其勤苦云

越王城去縣西南四十七里旌善鄉今地尚以古城名舊經云越王墓在

石城去縣北三十里石城里乾寧二年錢鏐討董昌攻石城即其地也載在吳越史畧

城池志終

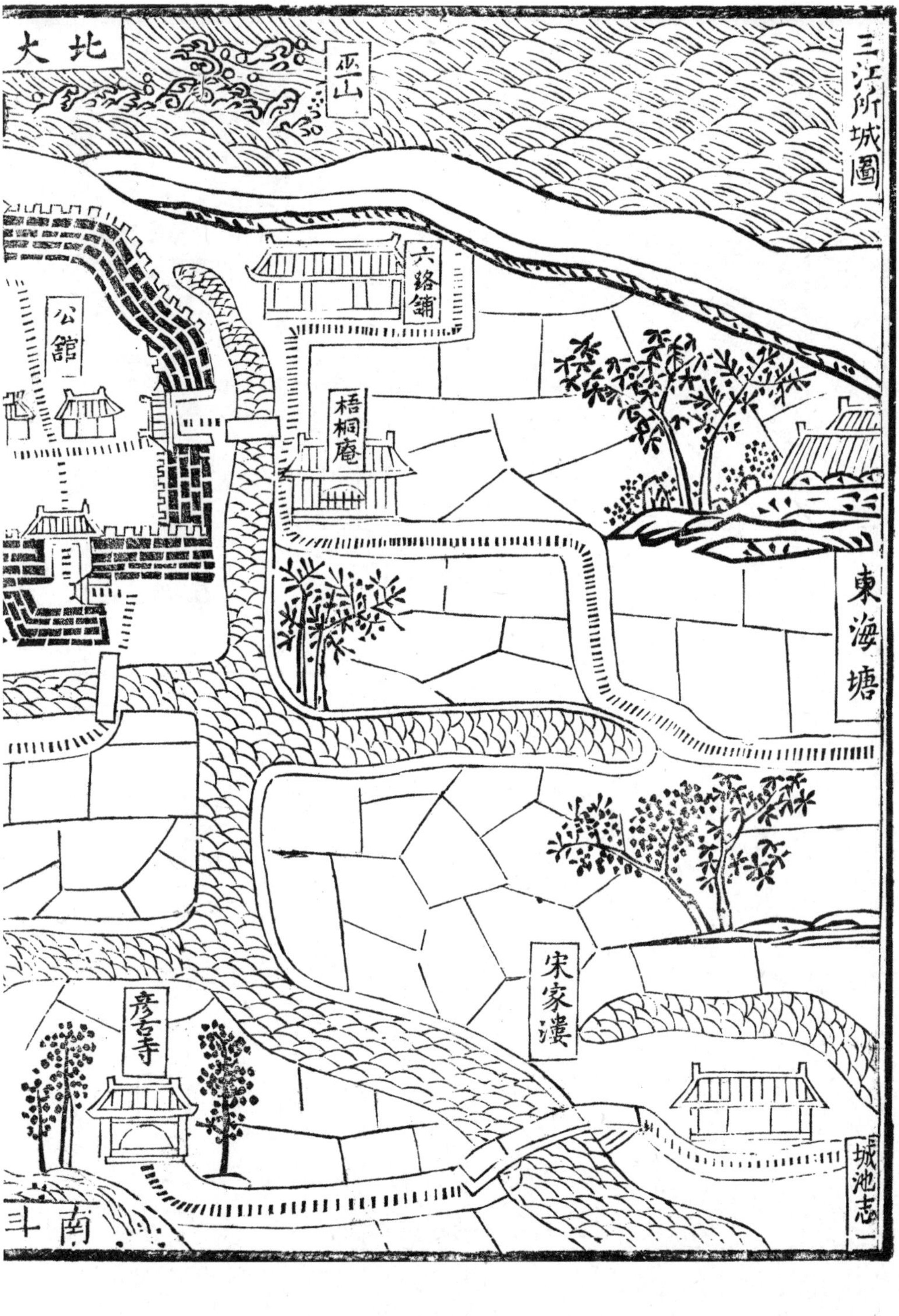
三江所城圖
北大
𫝀山
六路舖
公館
梧桐庵
東海塘
宋家漊
彥吉寺
南斗
城池志一

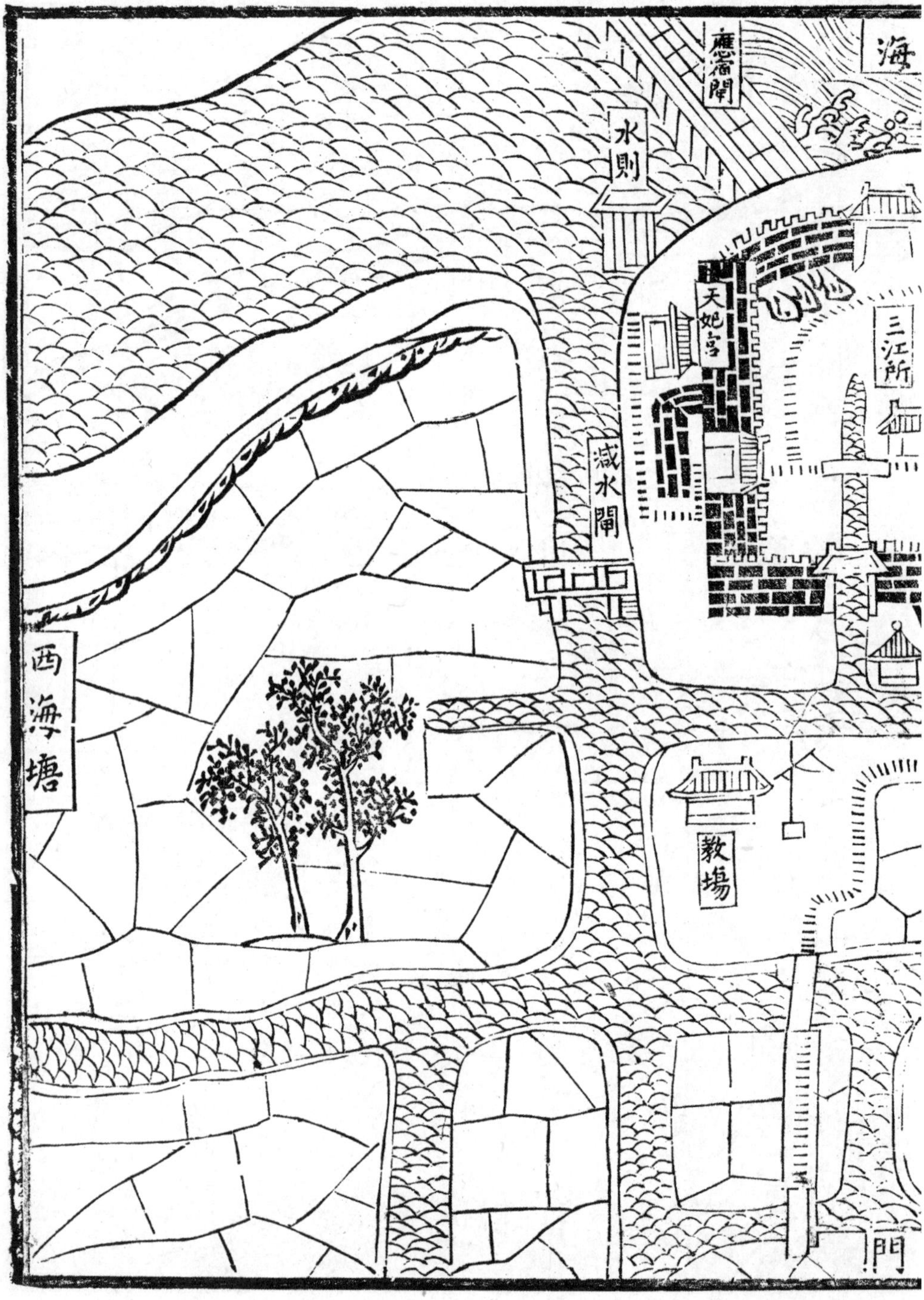
海
應宿閘
水則
天妃宮
三江所
減水閘
西海塘
教場
門

山陰縣志卷第三

署廨志

縣署 行署 衙所 雜署 廢署

經制詳於職司公署者職司之守也王者之建置莫先焉畧府衙而詳于縣署者志爲縣而作也古不可稽則闕之廢而未久尚有遺跡者錄焉亦以備考云爾

縣署

縣舊治在府治南承天橋東寶林山麓去府治約

五里許其創建無可攷巳元泰定二年始遷于今治云去府治僅一里卽宋上下省馬院故址也負卧龍山脊面秦望帶鑑湖玉架天柱諸峯環峙左右形勝雄偉邑之風氣實鍾焉中爲正廳（三間）左爲幕廳右爲庫（各一間）幕廳左爲册庫（三間）正廳南甬道中爲戒石亭東西廂各爲吏廊（總一十八間）戒石亭之南爲儀門（五間）門之外東南上爲土地堂（三間）爲賓賢館（三間）西上爲攢造所今廢東下爲鹽倉（三間）西下爲獄（門三間官廳三間囚房九間）直南爲大門門之外東南爲旌

善亭三間亭列善惡人名跡遵聖製奉臺檄示勸戒也西爲申明亭三間亭懸律令及諸榜文例設耆老値日亭之南側各有榜廊五間今廢大門正南爲屏墻東西廣九丈二尺正廳後爲氷檗堂一間堂之東爲退思軒三間西爲洗心軒三間今俱廢軒前有路紆徐數轉達光化亭三間亭據山岡面稍東南平曠高敞四望諸山益拱列而奇絕山之半有小亭曰仰止中有光化亭碑記光化亭之東西有耳房各三間嘉靖十年知縣濠梁劉昺號望岑所剏也其經始意在所撰記中〔光化亭記〕劉子宰山陰之二年治光化亭於卧龍山之麓卧龍爲縣治祖

山茲亭又山之最後高處也客有過予者曰君子之興事也有利于實則爲之有病于名則已之吾聞子燕居其地甚隘且陋而弗辟也而顧爲斯亭于居非大益也且以滋累意者有他說乎劉子輾然笑曰有是哉子或未究其趣爾昔者先王疆理萬國也布其官師限其封畛列其庭陛優其棲息諸所備矣然而必有臺榭之崇池沼之觀此其故豈以導靡麗而賞佚豫哉蓋有見矣夫凡人之心統乎事神舍乎心心爽則神清心鬱則神滯心蕩則神散心靜則神寧先王欲攝人心以周天下之理必使其神清而弗蕩凝而弗鬱夫然後心有官矣心官而事敘民佚而化熙天下之治孰大于此是故堂宇既飭而臺沼弗廢焉斯先王周物之要務也吾邑號古今名勝而縣治顧卑坦無崇高曠遠之觀其私廨則又偪亥而鮮暢達吾故治亭以臨之當夫政務蘩委心神靡倦之後曳屣而一登焉卽一邑之山水無不在我目中也南瞻秦望毒始皇之餘威俯臨故城嘉勾踐之苦節迴覽鑑湖

想馬公之遺澤左顧蓬萊慕龜齡之美政既而環
視閭井烟火萬家則又曰不有日出而未爨者乎
又愴然感矣迨夫烟銷日明風清嵐息縱觀曠宇
萬有呈祥則天台巖業而當前巨海渺茫而極目
又使人飄然有塵外之想寧復知簿書之擾慮哉
然吾又思夫積歛而偶散者天之理也久執而蹔
紓者人之紀也吾擇其奥窔者以棲息時其爽塏
者以登眺則吾居可以弗辟而吾亭可但已乎詩
曰噲噲其止噦噦其冥內外別也又曰經始靈臺
經之營之勞佚節也客喜曰一紀一綱治而永昌
一弛一張化乃大光斯亭也謂之光化可也亭址
在令尹廨後予乃命並廳事之西治道紆徐數轉
乃達于亭以通賓客之往來且冀吾僚好之得同
此樂耳山之半爲一小亭曰仰止觀覽之勝視上
又小異焉備山川之變幻也亭始于今春三月之
廿一日落成于六月之十日袤六丈深三丈有奇
爲楹三外爲廻廊冬夏之變暄凉異氣制圖以垂
諸永久後之君子不以予爲有罪益求所以嗣而

（新之未或無益于治也已）亭之南下當卧龍之麓爲知縣廨廨之前逼治廳左有門（一間）中有廳（三間）後有寢室（二十五間）傍有耳房（六間）寢室之東舊故有樓三間知縣方廷璽所剏其居址甚偏隘卑窪多不利於居者嘉靖二十年知縣許東望移置于寢室之前廳事之後名其樓曰宜中而撰爲記（記曰山陰治之後有山名曰卧龍其形盤屈蜿）蜒約高數丈周廻數里首乎震而尾應乎離動而明之象也於易卦爲噬嗑蓋噬嗑者所以齧合有閒布法行治之義也是故春秋越王居之得其義矣自秦罷國爲郡漢以來遂相沿襲罔易而其治則據龍之腹山陰者屬附邑也舊隸郡之東南距元泰定中則移于是龍之尾與郡東西相望等威

秩然越之形勝俱握其要矣予自庚子歲視篆于茲因而繹之曰卧龍建置之由其無乃有取爾也耶前侯劉望岑復構亭以臨之名曰光化山之勝益備矣公事之餘或攜寮宷以觀風或同朋儕而燕樂眞有若攀龍鱗而入青雲之上俯瞰於越白水翠巖青林綠野縈帶村市若鏡若圖快人心目有不知塵懷爲之脫落者偶一夕乃夢一異翁皓首蒼顏長髯羽服來揖于予曰君知登眺之樂而知燕寢之寘乎夫君北人也茲土溼下且其居儉陋湫隘風雨震淩殆將就圮恐于君罔利可易舊以迓天和予應之曰功不十不可以與事利不百不可以圖新剏土木靡費非予守土者所宜翁乃不言而去未幾予果罹一奇疾越醫莫辨浹數旬始自安其言驗矣因感悟卜遷相地得此山之側畔中外方圓左右如翼蒼松茂木掩映于層巖峻石之表復感悟曰昔翁之教意者其有在于茲乎遂鳩羣工誅茅剷土畧址度材撤毀其舊而移構焉中爲寢室傍爲羣房又其前爲樓閣上下貫絡

且軒豁爽塏可觀無非緣舊爲新未嘗有所勞費自壬寅正月創始二月終竣事匪曰崇美觀以恣已私將以休息勞勤于政餘云爾於時縣丞劉子試主簿楊子世昌典史林子公輔謂予曰古人所以卽安其居而愼改作者重勞費也今規制頓異于昔而財不費人不勞節省之大無踰此奚容于無記因勒諸石記之縣解南出治廳東轉一百一十步爲縣丞解

縣丞解頭門一間正廳三間寢室九間由治廳西折而北一百一十五步舊爲主簿解

典史解頭門一間正廳三間寢室九間規制與丞解相當而地近光化亭簿解南爲西吏舍尉解南爲東吏

舍

縣之屬署有儒學規制詳載學校志東南至東北官河深七十四丈五尺西南至西北官河深七十五丈六尺東南至西南官街廣二十六丈四尺東北至西北沿河廣二十六丈六尺櫺星門外街南空地東至西廣二十六丈四尺南至北深一十二丈東訓導衙東西廣八丈四尺南北深二十七丈東南牆外空地東南廣七丈五尺南北深八丈總貳拾叁畝壹釐

行署

察院在縣治東北二里本射圃基嘉靖十九年御史王紳檄知縣許東望建週迴深廣四千五百二

十七弓總壹拾捌畝捌分陸釐至今稱爲新司侍郎劉棟撰記按越城舊圖志自府治開立并新屬官司外止建藩臬二分司若察院則居無定止歲庚子冬大巡對川王公臨越清勤嚴肅守正不阿觀風之餘商諸守巡二司曰紹興古名郡山川人才瓌瑋磊落不及言察院風紀之所不與厥居何以肅貞百度意欲相度隙地別而新之可乎二司曰聞有空閑射圃可新之矣誰任其事曰郡守比入覲山陰令可也財奚取視其羨贏而已矣力奚征驗其丁多而已矣議畢遂召令諭之曰汝之有猷有爲我重汝矣而今勞汝乃守巡意也非爲安逸我也我將按他郡矣嗣是來者豈不念汝重汝而誰懟誰怨耶檄下某財取羨贏若干某丁征空餘若干典工在勤工完則輟毋過爲煩困縣令捧檄轉諭父老及百執事曰凡官府造作古人愼重某某地新建察院財用非敢累爾等若木工石工巧者甃者不能不勤爾等精力某父老其爲我分督受

成勿負吾托如或以我爲毒爾苦爾非知我者諸父老唯唯而退越明年辛丑二月擇日鳩工八月工止于是申請郡伯暨諸郡佐曰新創既成盍往觀乎郡伯不敢專遂命工繪圖凡門堂寢室自外而内之有殺賓從隸僕由貴至賤之有待自旦及夕聽斷咨諏游觀逸豫俱適所欲有激揚振肅坊有澄清心正眼明堂曰大中至正曰正己格物曰用中曰絜矩又曰思補皆退休軒也各區以寓深意此又對川公之所親題者計門堂凡五層計廊廡凡二十楹顏匾計十所規模壯固巍然翬翼圖既成仍申告察院守巡察院守巡皆曰財力府縣所輸吾何與焉但俾永勿傾圮可也察院既慰勉之守巡復贊嘉之令之勞庶乎少酬矣然又懼本末不悉故來請記嗚呼天下事慮弗能成既成又慮專擅之戒今創造何事財用什百非細也祗承上命就于一旦卓乎幹局過人遠矣何專擅之慮哉郡伯玉泉張公明道有而不居謙也少參石山莊公一俊憲僉一崖劉公望之知令尹可任而任

之明也對川王公紳因二司之言確乎不疑獨斷
之勇也勇以行之明以獨之謙以承之一事而衆
美具矧又有大于此者皆足以觀人也郡佐葉公
誠齋金安公膠峯如山周公仰峯鳳岐會稽丞吳
公希孟以臺諫落職令爲廣信郡守殆一時協濟
非偶然者不容不記山陰令者何許公東望山東
東郡人也聲望蔚
然故獨殿于末

〔布政分司〕即守道衙門在縣東南一里初本紹興
衛軍器局洪武二十三年指揮使趙忠遷局於會
稽福果寺址正統六年知府羅以禮始建分司東
西廣貳拾貳丈壹尺南北深伍拾貳丈捌尺總捌
畝柒分

大清康熙六年裁缺稱爲南司以備行臺康熙八年暫爲協鎮公署

按察分司在縣治東北一里許卽宋浙東提刑司故址頭門向東儀門向南東西廣貳拾玖丈玖尺南北深叁拾叁丈陸尺總壹拾壹畝陸分陸釐廳後有火珠山山上有稽山堂又作烏臺三間總貳畝伍分伍釐稱爲北司明末廢而不脩康熙九年因安插海上投誠人造營房百餘間

兩浙都轉鹽運分司在縣治東一里元大德二年

建卽宋錄事司故址永樂間毁廢嘉靖二十一年運副林堂重建東西廣叁拾伍丈肆尺南北深叁拾壹丈壹尺總壹拾畝

衛所

衛署在縣治東詳見府志中

三江所去縣東北三十七里東西廣壹拾玖丈捌尺南北深肆拾陸丈貳尺總肆畝叁分

演武教場在縣南常禧門內詳載武備志

左營都司署舊無經制暫借張宦空房安插後奉

部撫二院批房屋給還原主改擬巡道司駐劄

雜署

三江巡檢司去縣東北四十里三江城北東西廣壹百伍拾陸丈南北深陸拾丈總貳拾柒畝貳釐

白洋巡檢司去縣西北五十里東西廣伍拾壹丈陸尺南北深柒拾捌丈總壹拾壹畝陸分伍釐

司獄司在縣東北半里許東貳拾柒丈肆尺西廣貳拾陸丈肆尺南北深貳拾柒丈陸尺總捌畝柒分

錢清場在縣西北六十里即興善寺基深廣總柒畝肆分有奇場東數拾步爲鹽倉深廣捌畝陸分有奇

三江場在縣東北三十里因宋元之舊深廣總叁畝捌分伍釐場東數步爲鹽倉深廣壹拾貳畝壹分柒釐

批驗所舊在府西北六十里正統間郡守羅以禮遷於縣西六十里錢清鎮弘治間遷於白鷺塘深廣總陸畝壹分貳釐

掣鹽廳深廣伍分貳釐官山一所計伍畝

僧綱司在大能仁寺內東西廣貳拾肆丈陸尺南北深壹拾叁丈貳尺總叁畝柒分伍釐嘉靖末年寺毀改爲椽木園僧綱司亦廢無常所今寺雖復而司之舊址未復

道紀司無常所

陰陽學醫學並在紫金坊內嘉靖二十二年知府張明道重建南北廣陸丈叁尺東西深玖丈陸尺總壹畝肆分

預備倉舊志云在縣東北二里卽泰積庫故址東西廣壹拾貳丈捌尺南北深叁拾丈總計肆畝肆分今倉在妙明寺之東或卽舊時便民倉

蓬萊驛在縣西北五里迎恩門外東西廣壹百壹丈肆尺南北深貳拾玖丈肆尺總叁畝捌分捌釐自明末頹塌至今不脩

養濟院在縣西北三里錦鱗橋西卽宋浙東貢院故址東西廣肆拾捌丈陸尺南北深肆拾捌丈陸尺總貳拾柒畝叁分叁釐屋壹百肆拾間門叁座

今門屋不全

廢署

主簿廨　今裁缺解廢

稅課司　在縣東北一里許東西廣貳拾貳丈捌尺南北深陸丈陸尺總壹畝柒分肆釐今廢

漓渚稅課局　明初局設于漓渚去縣四十里地僻稅少後裁革

三江倉　在縣東北三十七里三江城內東西廣壹拾玖丈南北深貳拾柒丈總柒畝壹分今廢其倉

米歸併預備倉

便民倉舊在迎恩門內成化三年知府吉惠遷于大有倉南分妙明寺址爲之東西廣二十五丈二尺南北深七十一丈七尺總貳拾壹畝玖分今無

便民倉名目

社倉共六所宋時所建一在梅山一在柯橋一在南池一在迎恩一在稽山一在琶山久廢康熙九年歲歉惟琶山社倉有里人朱家輔等捐穀勸行縣令高登先賛成之令復

義倉四所東在縣東三十里石泗村西一在縣西北四十里亭滬村南在縣西十五里中堰村北在縣西北三十里朱咸村今廢

大有倉在縣治東北二里大善寺前週廻深廣壹千貳百肆拾陸丈總肆拾畝玖釐倉廒官房總貳拾玖間今廢

如坻倉在縣治北三里新司之東週廻深廣壹千壹百壹拾伍丈總肆拾貳畝叁分肆釐倉廒官房總叁拾陸間康熙二年以新司駐劄提督倉遂廢

織染局在縣治東北三里許江橋北東西廣貳拾肆丈貳尺南北深伍拾壹丈壹尺總拾畝叁分今廢
亐張局在紫金坊東西廣捌丈貳尺南北深壹拾陸丈叁尺今廢
市舶司在縣治西三十步東□廣捌丈玖尺南北深肆拾伍丈貳尺總肆畝陸分因廢久明萬曆年間府縣申明撫按題請改爲理學名臣張文恭祠
蓬萊館在縣治東北一里東西廣拾丈貳尺南北

深伍拾肆丈壹尺總肆畝肆分今廢

兩訓導廨今缺裁廨廢

署廨志終

山陰縣志　卷三　十二

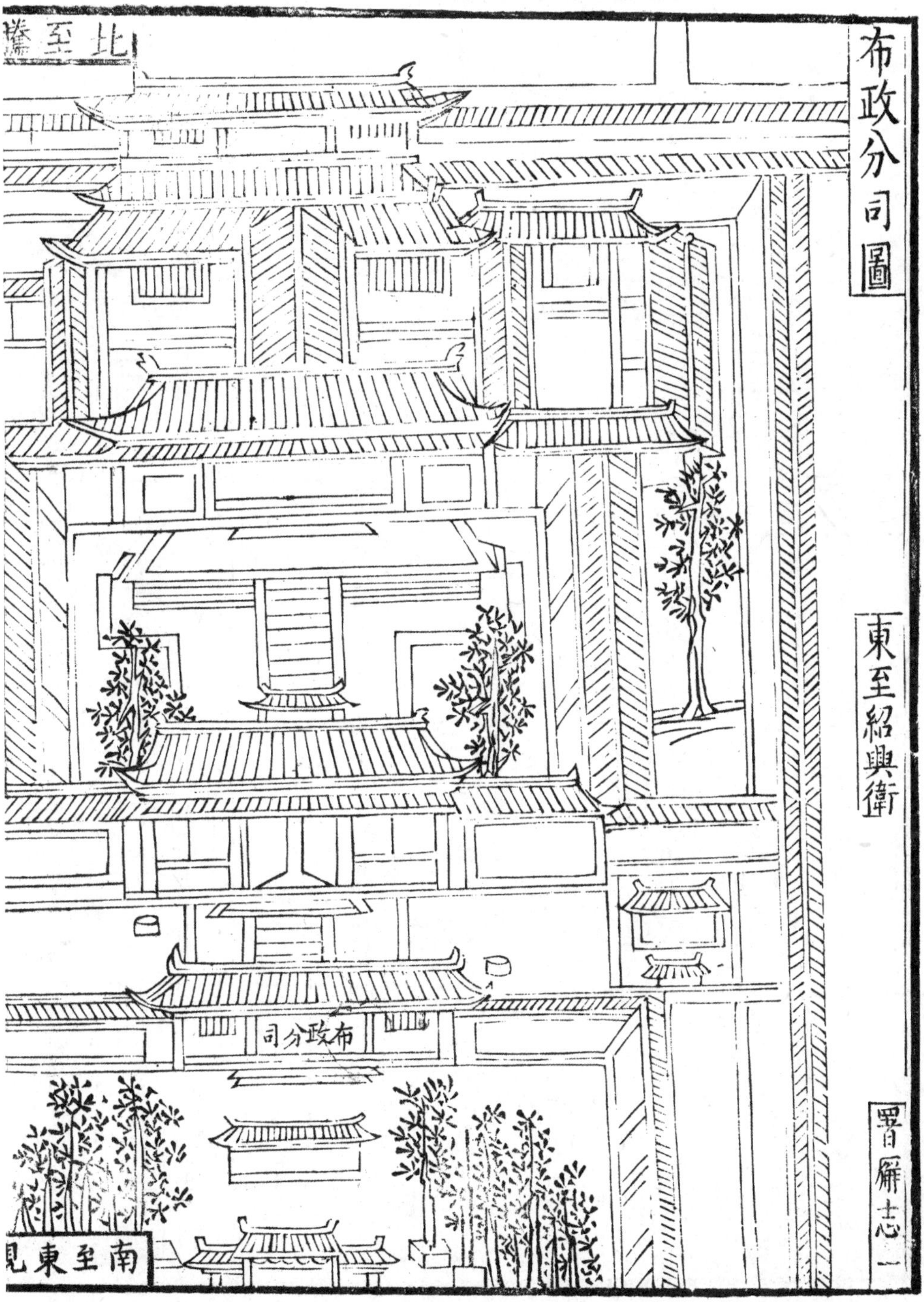
布政分司圖
北至縣
東至紹興衛
南至東覌
布政分司
署廨志一

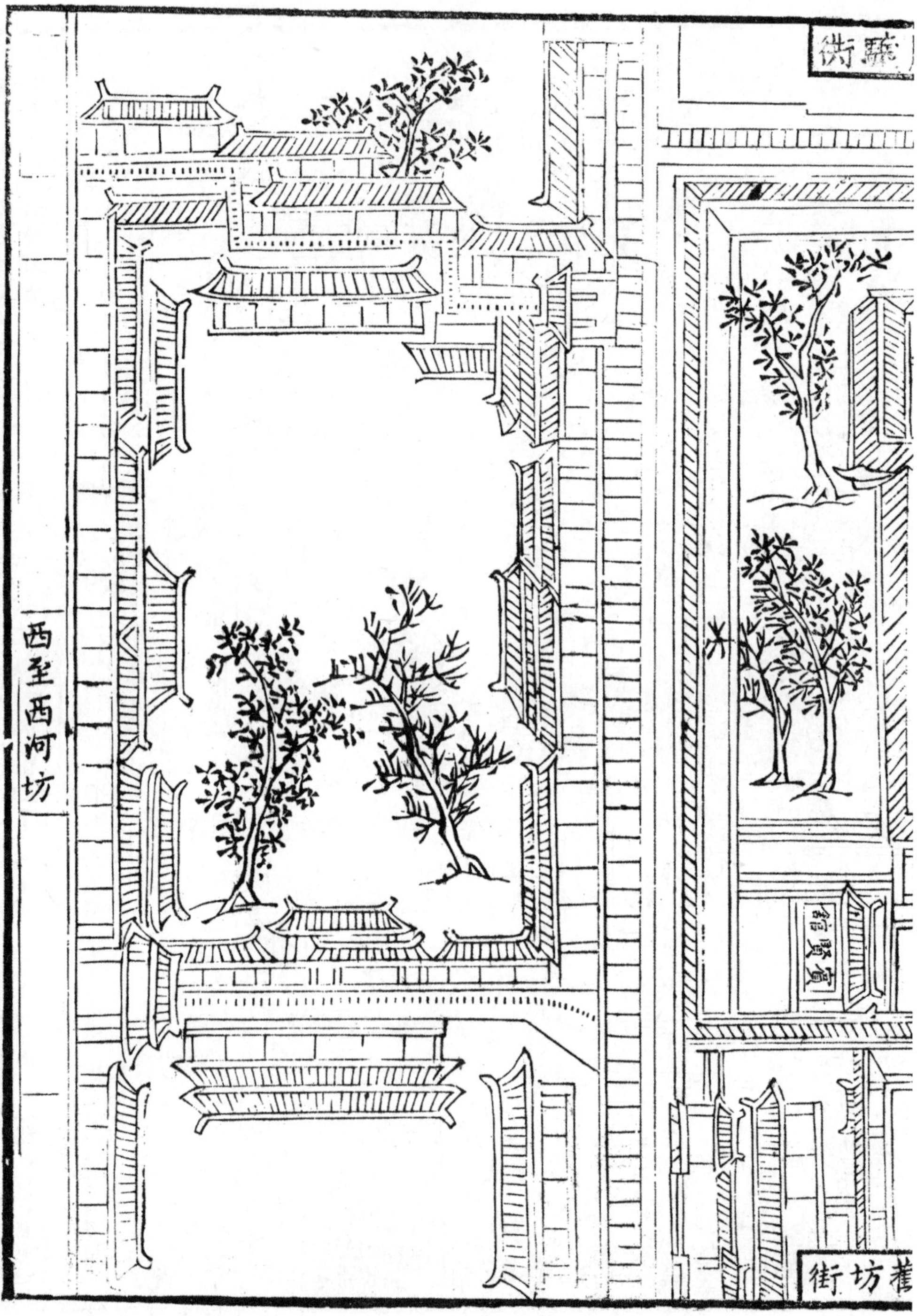
街
西至西河坊
寶賢館
舊坊街

北光

書房

縣

縣

東書房

水屏

忠

所嘉

山金

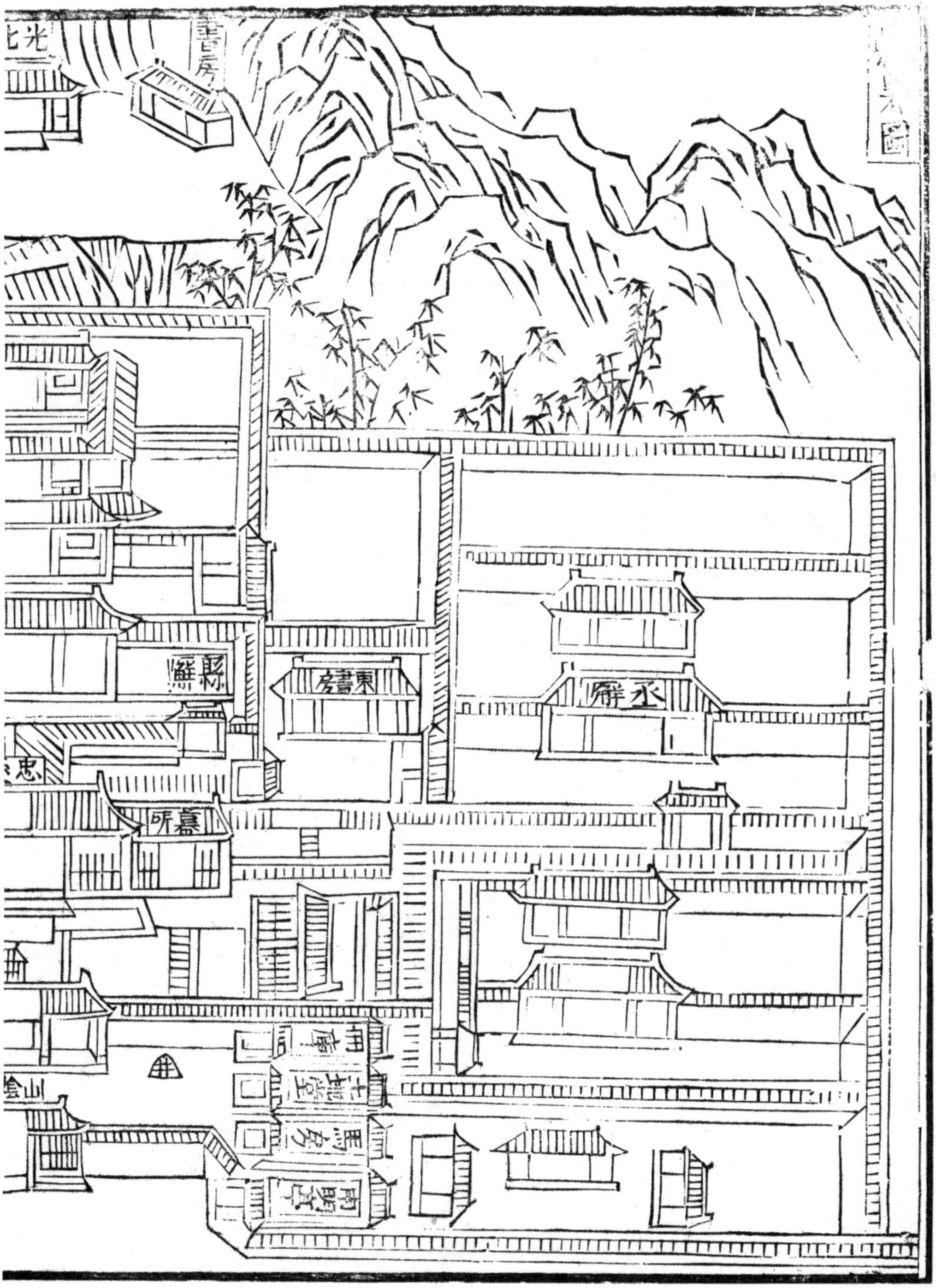

仰止亭
尉廨
西書房
耳房
西吏書

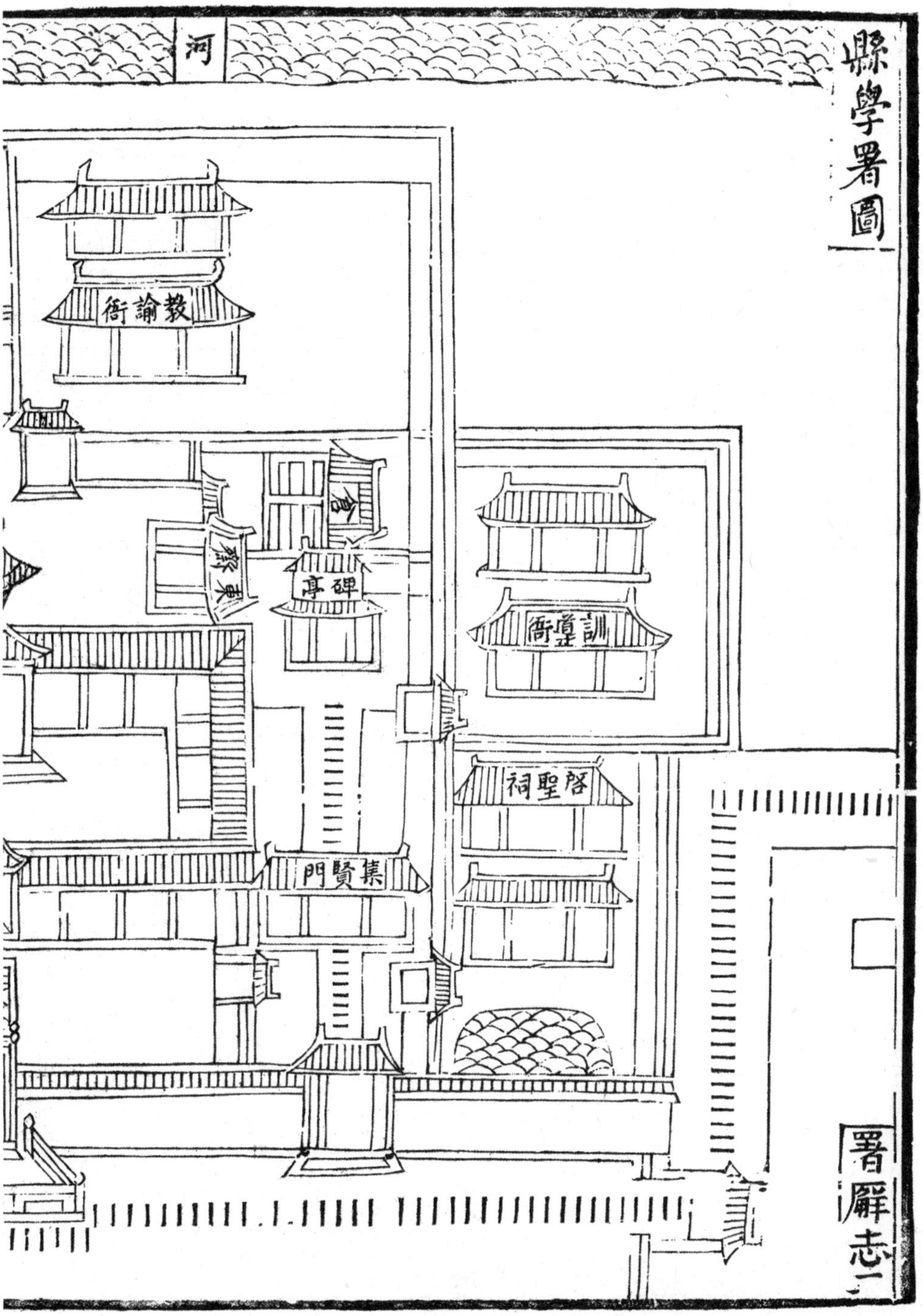
縣學署圖
河
教諭衙
東齋
碑亭
訓導衙
啓聖祠
集賢門
署廨志一

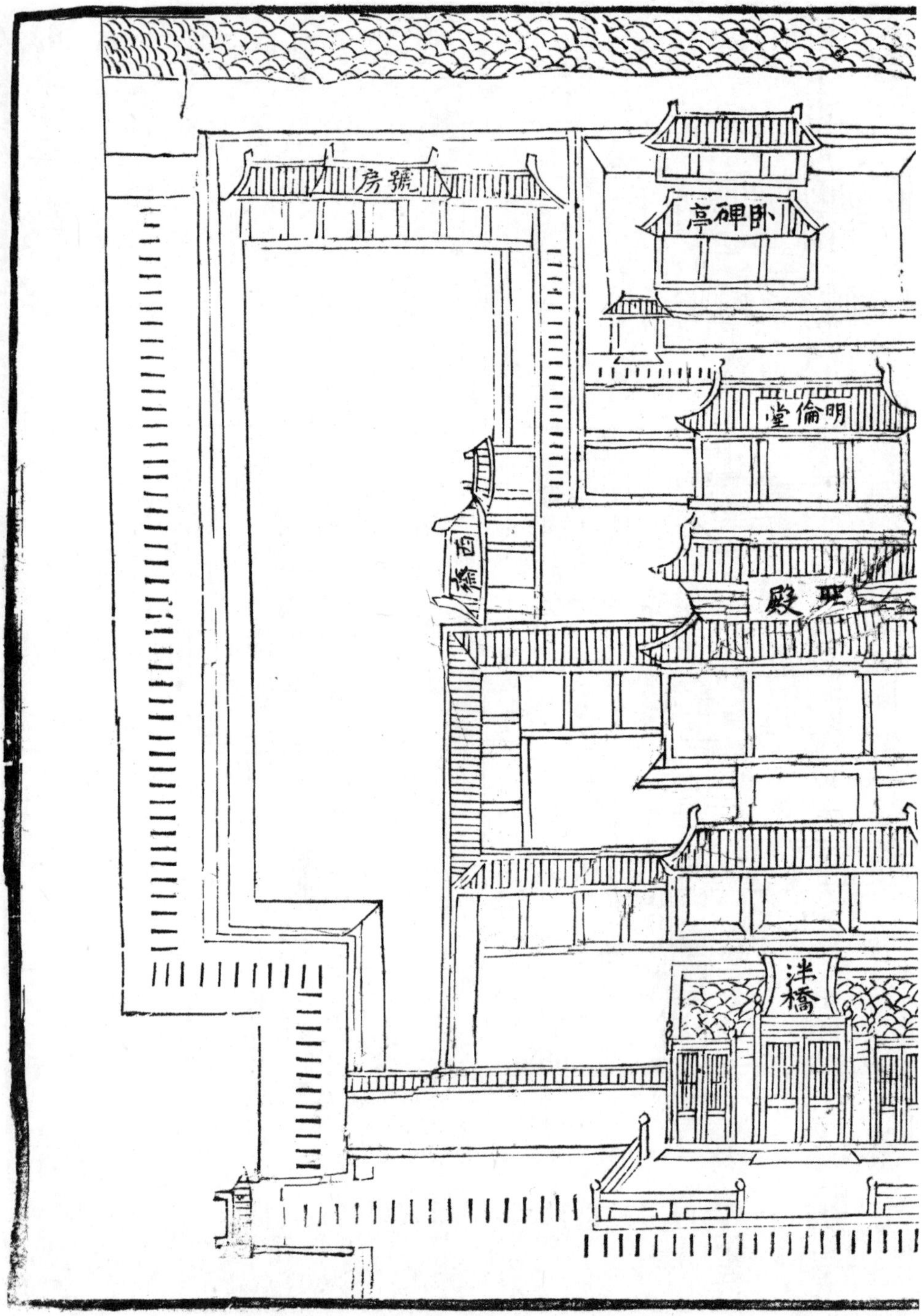
號房
卧碑亭
明倫堂
聖殿
西廡
泮橋

山陰縣志卷第四

山川志上

形勝　山　塢　洞　溪　澗

渚

山川肇域形勝著焉標而顯之所以紀雄秀述靈奇也縣鉅至微凡可得而名者宜詳焉橋渡因于川故附志之

（補）天下佳山水多矣山陰巖壑昔稱競秀爭流蓋實鬱佳氣於東南也其形勝視太行孟門之險金

城天府之固雖自有間而地足以守人自爲衛向者海倭山寇之變誠有明驗矣故勾踐用之而霸後世亦得恃之以安若夫翠嶺蒼波之勝詞人墨客之作茲不勝書姑誌其槪

形勝

越之形勝冠于南服而山陰又其形勝之會也古昔名士蓋樂遊而侈談之司馬氏東渡嘗議作都于茲矣元帝以爲今之關中而江左諸公比之杜之間其險要豐腴稱爲東南一大都會圖

哉縱覽四郊秦望屹其南滄海環其北峯嶂緯列於左右而澄江巨湖經流於其中膏壤沃土民物廣饒天下葢鮮儷焉晉人有言行山陰道上每令人應接不暇秋冬之際尤難爲懷（王獻之）即其名狀勝遊珍觀（秦觀倡和集序）殆可想也若乃千巖競秀萬壑爭流（顧凱之傳）虎臥龜蹲龍盤鳳廻舒爲屏障峙爲樓臺（王十朋風俗賦）白水翠巖互相映發縈帶郊郭若鏡若圖（輿地志）諸所稱述山川之大觀畧備矣

山

臥龍山在縣治後盤旋回抱形如臥龍故名越大夫文種葬于此故又名種山山之名勝別有古蹟記宋王十朋詩決策平吳霸業成青山長占大夫名子胥忠義無生死怒氣隨潮到越城元施鈞詩山匣平湖玉鏡臺四圍晴景翠屏開雲移滄海龍猶臥月滿中天鳳不來種墓陰陰空蔓草晉碑寂寂自蘚苔東風不滅千年恨燕子南飛鴈北回

火珠山在臥龍之東與臥龍之首相對其狀似龍頷之珠故名上有稽山堂西有識舟亭今廢

蛾眉山在臥龍山之左火珠山之東南山高丈餘濶三尺長數十丈南至軒亭北至香櫞衕望之如

蛾眉一彎横黛拖青渾身空翠故名蛾眉今蛾眉庵下有石隱起僅二尺許之蛾眉山者非是

塔山在卧龍山之南下有寶林寺上有應天塔故名昔人云范蠡城成有山自瑯琊東武海中飛來故又名飛來山又名怪山按水經注云越王無疆爲楚所伐去瑯琊還浙東武人隨之至安插山下因傳山自東武飛來又山似龜形舊名龜山唐方干詩邃巖喬木夏生寒牀下雲溪枕上看臺殿漸多山更重卽今飛去却應難元泰不華詩龜山峙平陸翠色凌清虛當其飛來時想自天地初李孝光詩山似瑯琊小地將秦望雄越王歌舞處今作梵王

宮

陽堂山在卧龍之南三里許郡城跨其脊上一名鮑郎山東漢鮑蓋生於此後死爲神故名山北百步有鮑府君祠至今猶存

蕺山在卧龍東北三里許山多產蕺蔓生莖紫葉青其味苦越王勾踐嘗采食之故名宋王十朋詩十九年間膽厭嘗盤羞野菜味含香春風又長新芽甲好擷青青薦越王晉王羲之宅在其上又曰王家山今西有右軍祠後爲戒珠寺故又名戒珠山通上六山皆在縣治內蕺越城八山中

藏而山陰有其六焉

亭山去城南十里晉司空何無忌爲郡置亭其上故名或云山形獨立如亭以此得名明初越國公胡大海攻城嘗駐兵馬西有楚翁蜺巖

侯山去縣南九里舊經云侯山逈在湖中晉孔愉少棲於此後官車騎封侯論者以愉致侯之兆故名又名小隱山

秦望山去縣南三十里爲越衆山之祖東西兩派皆自南迤邐而止於東北爲郡城水口其東南隸

會稽西北隸山陰秦始皇嘗登以望東海封其松爲大夫故名上有李斯篆碑今亡（唐）薛據詩南登秦望山目極大海空朝陽半暘谷晃朗天際紅溪谷爭噴薄江湖茀交通而多漁商客不悟歲月窮振緡近早潮彌棹候遠風孑本萍泛者乘流任西東茫茫天際帆棲泊何時同將尋會稽跡從此訪任公（宋）王十朋詩瞻彼秦望崇于會稽曷云其崇登焉而柴孰登是山西方之人兮瞻彼秦望輕于會稽曷崇而輕名之以嬴孰名是山東方之人兮我登稽山思禹之績吾儕不魚繄帝之力我瞻秦望哀秦之過虐彼黔首其誰之禍禹駕而遊夏民以休有翼其行稷禼是謀政輙西狩嬴隨以仆孰稔其惡斯高左右孤竹兄弟殍于首陽山與其人嘉名孔彰谿辱以愚泉污以盜物之不幸名惡而暴淅濤如銀鑑流如紳濯彼崔嵬勿汙以秦（明）吳中詩過秦望之山秀且雄千巖萬壑環西東奇峯影落鏡湖水碧波

蕩漾金芙蓉秦皇曾此窮躋扱沉海樓船竟不還伯圖已卜千年世何須更覓三神山冥然不鑒燕昭轍侈心方惑神仙說皓靈已見泣西郊萬里東巡猶未歇黃旗翠蓋蔽林丘玉輦還爲幾日留琳宮貝闕渺何許一片蒼烟連蜃樓古臺千年迹如掃元氣靈長山自好匡懸石溜聲喧豗徑合松陰晝冥窅揭來爲覓先秦文悲歌不洗驪山寃斷碑剝落已無主回首丹崖空白雲（徐渭詩）素情欣晏遊碩人事永矢上此萬仞山復沿北溪水顧瞻江海流神去蒼茫裡後峯千里來旁嶂兩川起往昔窓中翠今兹巔上視佳哉是觀游吾鄉亦信美（郡守洪珠遊秦望詩）百丈層霄手可捫便飛錫杖覓天孫壯遊敢附小司馬謝事能如老巨源磬定僧閑歸野鶴烟消林杪見雲門歲闌更覺民風好滿道唐歌喜莫言

（望秦山）與秦望山相接稍北秦始皇與羣臣登之

以望秦中故名一名卓筆峯又名天柱峯明陸相詩登越山望秦關長安不見雲漫漫凌空安得生羽翰一旦沙丘祖龍死輼輬空載鮑魚還

鵞鼻山去縣南三十里與秦望相聯絡跨山會諸暨三界其山險絶上有石如臺有秦始皇刻石頌德文皆剝落不可識晉王彪詩隆山崖嶔崇巒嶕嶢傍暗滄洲仰拂雲霄文命遠會風淳道遼秦皇遐巡邁茲英豪宅靈基阿銘迹峻嶠

香爐峯其山之西爲山陰山之東爲會稽自九里馬家埠而上溪壑幽邃又經兩若張公洗鑿益增泉石之美上有水鋸山房塔院石屋鷗虎軒表勝

庵軒前峭石百仞高出林杪石屋可容數十人循崖而上直至峯巔旁有陽明洞及鴛鴦石仙人壇石罅產茶甚佳近有僧結廬其上名小西天明張汝霖

詩 城外好山聞九里不道湖頭隔尺咫坐邀蒼翠只尊前亂踏空青多夢裏此時見說喜欲狂呼兒急往不及履午炊甫畢烟未消已簫山根窺洞底幾攢怪石蹲杖頭百道飛泉漱屐齒奇峯個個擬分身峭嶝垂垂半容趾臂連踵接喘若春膝與眉平步成跽逡巡忽得穿其巔谷口桃花爛如綺松盤佛頂巢芻尼藤掛袈裟生箇子天瓦晴懸幾筋氷雪竇寒生千歲鯉旋收落葉燒青鐺爲剪新茶烹碧水山僧向余指歸路取道泉間峭如砥緣蘿捫石側足行覩向叅處坐天起爐烟縷縷染人衣嶺雲片片還女几曾聞此處石頭滑衲子深林吼獅兕撩衣渡水試往叅萬松鬣鬣僅如薺竹間水

出流胡麻枯茅蓋頭兩開士遠心孤映詩思清皎
耶畫耶定誰似山窓坐對不問名片語投針笑相
視名山況復棲名流得佳且佳爲佳耳西林日晛
人促歸霞際孤舟去如駛廻看山色入虛無憶昨
夢遊轉非是吁嗟乎老矣白頭只合伴青山空庭
且自娛遊蟻〔徐渭詩〕閒來詎罷景純經客舍樵居
烟霧生流水細分席畔響羣峯尖與筆端迎春城
笋茗來雙客夜火清明坐二更却喜香爐浮靄盡
明朝不用
雨中登

〔朱華山〕郡城龍脉祖鶯鼻而宗朱華朱華之脉北
委于陳家嶺茅陽方前以及張家山應家山又起
琶亭諸山迢遞入城

〔陳音山〕在縣西南四里許舊經云范蠡進楚人善

射者陳音於王王曰善子之道願悉以教吾國人音曰道出於天事在於人人之所習無有不神於是使音教士習射三月皆得弓之巧音死王傷之葬於是山故名

琵琶山去縣南五里有泉名曰玉帶

烏土山去縣西南四里

何山去縣西南四里上有塔已毁今下有何山庵舊傳梁何胤隱居於此故名

賴山去縣西南六里相傳勾踐時以其近城樵採

皆賴之故名俗訛爲外山

印山去縣西南五里地理相傳爲府治之前印故名其形如龜俗人又呼爲龜山

絹山去縣西南六里其石紋如疊絹土人呼之爲絹山

戴於山去縣西南一十里居民有戴於二姓故名

磴山去縣西南一十里山形如磴故名

彈丸山去縣西南一十五里狀如彈丸故名

麻林山去縣西南一十五里勾踐伐吳種麻於山

以爲弓弦故名
徐山去縣西南一十五里在鏡湖中
飥山去縣西南一十五里兩山相對如兩酒榼故
名
海山去縣西南一十五里
梅里尖山去縣西南一十八里漢梅福嘗遊息于
此東有梅仙塢
龍尾山去縣西南二十里與卧龍首尾相望故名
峽山去縣西南二十里兩山夾水故名

外山去縣西南二十五里

項里山去縣西南二十里俗云項羽避讐於此故名下有項羽祠宋林景熙詩英雄傾蓋竟何爲故里淒凉越水涯百二勢傾爭逐鹿八千兵散獨乘騅計疎白璧孤臣去淚落烏江後騎追遺廟荒村人醉酒至今春草舞虞姬

銅山去縣西二十五里

法華山去縣西南二十五里舊經云晉義熙中僧曇翼誦法華經感普賢應現因置寺今爲天衣寺山有十峯宋咸平中裴使君莊各命以名一法華二衣鉢三積翠四朝陽五雲門六倚秦七天女八

嘯猿九起雲十月嶺唐李邕碑云其峯五連其溪雙帶即謂此也

花徑山去縣西南二十五里多桃李榆柳望若雲錦包絡山谷故名

容山去縣西南二十七里其上平曠可容故名

木客山去縣西南二十七里吳王好起宫室越王乃使木工三千餘人入山伐木欲以獻吳王一年無所得木工思歸而歌木客之吟一夜天生神木其大二十圍其長五十尋陽爲梓陰爲楩柟乃伐

而獻之吳王

蘭渚山去縣西南二十七里勾踐樹蘭茲地蘭渚之水出焉晉王羲之四十二人修禊於此引水流觴縈紆九曲右軍蘭亭記云此地崇山峻嶺茂林脩竹是也

玉架山去縣西南三十三里三峯如架故名

青蓮山去縣西南四十里許安世嘗往遊焉有山路入青雲之句

銅井山去縣西南六十里其山龍潭歲旱多往禱

之

西竺山去縣西南一百一十里東麓有慈恩寺故名

晃旒山去縣西南一百一十五里又名大巖山宋時宮闕在錢塘者與山相對山若晃旒故名

越王山即越王崢去縣西南一百二十里昔越王勾踐棲兵於此又名棲山上有走馬岡伏兵路洗馬池支更樓故址明王文轅詩每恨高峥不易梯數峯長與白雲齊蹟存秦望千尋上影落瀟湘萬頃西絕險始知天去遠臥崖頻見鳥飛低十年一踏烟霞頂雨後寧辭没脛泥走

馬岡徐渭詩綠苔連紫錢古泥亘百步下埋數尺沙云是舊時路路上亦何爲躍馬於此處當時烏喙人萬蹄嘶一顧

大尖山去縣西南一百二十里徐渭詩萬松滴千山紗翠不可染割取武陵源固是天所遣秦人跡無有雲中吽鷄犬夜泊漁舟來下山尋不見

青化山去縣西南一百二十里山多松栢有石如屋名石屋有湫名龍湫麻溪水環於山麓

丘浮山去縣西南一百二十里上有丹井世傳浮丘公煉丹於此而羽化其巔有井名丹井

麻姑山去縣西一百一十里世傳麻姑仙煉丹於

此故名

白峯山去縣西南一百二十五里其山峯有白石瓚岏故名

聖女山去縣西南一十九里

三山去縣西九里鑑湖中三山地勢相連陸游遊息之所

離渚山去縣西南三十里內有謝尚書塢

柯山去縣西南三十五里山皆石其下有水曰柯水有石佛高十餘丈

蒔里山去縣西四十里

蜀山去縣西三十五里在柯山東俗名獨山

蓬山去縣西三十五里在柯山東

東眺山去縣西八十三里

西眺山在東眺山之西其二峯至高登眺者可極遠故名

黃龍山去縣西六十里

鳳凰山去縣西六十五里其形至小有鳳凰棲焉故名邑有二鳳凰山一在縣南七里許

牛頭山去縣西六十五里唐天寶間改名臨江山
按舊志有石踈理中通入水則浮名浮石明王守
仁又改名浮峯峯南有石如臺小江縈其西江之
西爲蕭山縣界

丫髻山去縣西六十三里山巔二小峯如髻故名

羊石山去縣西北三十六里有石如羊故名上有石佛

馬鞍山去縣西北四十里狀如馬鞍唐天寶間改
名人安山

上方山去縣西北四十里傍有上方寺

下方山去縣西北四十里與上方山相聯傍有下方寺

梅花山去縣西六十里卽獅子山地名前梅明詩人高麕築舍其下

金帛山去縣西北四十三里世傳禹至塗山諸侯執玉帛以會於此故名其嶺有九龍池

寶林山去縣西北四十里山南有龍井禱雨輙應

塗山去縣西北四十五里舊經云禹會萬國之所山麓有斬將臺梁初時又掘得青玉印蘇鶚演義

云塗山有四一會稽二渝州三濠州四當塗然禹旣會諸侯於此而窆石陵寢皆在兹土則左氏傳所謂禹會諸侯于塗山其卽此山明矣（唐柳宗元塗山廟銘）

維夏后氏建大功定大位立大政勤勞萬邦和寧四極威懷九有儀刑後王當乎洪流方割災被下土自壺口而導百川大功建焉虞帝耄期順承天曆自南河而受四海大位定焉萬國旣同宣省風教自塗山而會諸侯大政立焉功莫崇乎禦大災乃錫元圭以承帝命位莫崇乎執大象乃輯五瑞以建王極政莫先乎齊大紀乃朝玉帛以定經制是所以承唐虞之後垂子孫之丕業立商周之前樹帝王之洪範者也嗚呼天地之道尚德而右功帝王之政崇德而賞功故堯舜至德而位不及嗣湯武大功而祚延于世有夏德配于二聖而唐虞讓功焉功冠于三代而商周讓德焉宜乎立極垂

統貽于後裔當位作聖著爲世準則塗山者功之所由定德之所由濟政之所由立有天下者宜取於此此追惟大號既發華蓋既狩方岳列位奔走來同山川守臣莫敢遑寧羽旄四合衣裳咸會虔恭就列俯僂聽命然後示之以禮樂和氣周洽申之以德刑天威振耀制立謨訓宜在長久厥後啟征有扈而夏德始衰羿距大康而帝業不守皇祖之訓不由也人亡政墜卒就陵替向使繼代守文之君又能紹其功德修其政統卑宮室惡衣服拜昌言平均賦入制定朝會則諸侯常至而天命不去矣茲山之會安得獨光於後歟是以周穆遐追遺法復會於是山聲垂天下亦紹前軌用此道也故余爲此銘庶後代朝諸侯制天下者仰則於此其辭曰惟禹體道功厚德茂會朝侯衛統一憲度省方宣教化制殊類咸會壇位承奉儀矩禮具樂備德容既孚乃舉明刑以弼聖謨刑戮防風遺骨專車克威克明疇敢以渝宣昭黎獻底定寰區傳祚後胤丕承帝圖塗山巖巖界彼東國惟禹之德配

天無極卽山刊碑貽後作則（元宋無詩）力平水土
勢回天功業三千五百年四海九州皆禹跡獨留
陵寢越山邊（徐天祜詩）陵下遺祠拜衮龍空山草
木幾春風君看禹會村前路烏鵲猶知萬世功
西余山去縣西北四十二里
碧山去縣西北四十八里石色碧潤四時不易故
名一名黨山北有洞極深奥故老相傳昔有仙人
居焉
烏風山去縣西北五十里一名鼉山濱海當潮生
時遠望之宛然如鼉出沒水中今名白洋山南麓
爲巡檢司

雷山在黿山北二十里在海潮中潮至其聲如雷故名

浮山去縣東北三十五里浮鎮海口故名與三江所城相對

蒙㨗山去縣東北四十里與浮山相對上有烟堠二所

石姥山去縣西北五十里

蜀阜山去縣西北四十五里舊經云山自蜀來帶兒婦二十餘人善織美錦自言家在西蜀今忽至

此故名一云勾踐伐吴置寡婦其上以激軍士故又名獨婦山

梅山去縣北一十五里一名巫山越絶書云越黽神之官死葬其上故名後爲漢梅福隱居之所故有今名上有適南亭下有泉名子眞泉有窩名天香窩有塢名茶塢有徑名竹徑明陸相詩一峯寒影墮江天花落層崖泣杜鵑却笑子眞原未隱尚留名姓在山川

下馬山去縣北二十五里舊經云秦始皇東巡息駕於此有石如蟾亦名蟾山俗名蝦蟆山山多露

石兩崖夾水石骨横亘水底曰石檻

璜山去縣北三十里許勢小而環抱箸璜故名小江經其北

大峯山一曰駝峯山去縣北三十五里有洞名風洞

禹山去縣北三十里舊傳大禹治水駐蹕於此故名又名西山在狭猺湖側

玉山去縣北二十八里舊經云唐貞元元年浙東觀察使皇甫政鑿此山置閘八洞以泄山會蕭三

縣之水

六山去縣東北二十里高廣尋丈壘列澤中勾踐鑄劒銅不鑠埋之東坡上生馬箠種之六山飾爲馬箠以獻吳王今上有六山鋪

石城山去縣東北三十里按錢鏐討董昌攻石城去越三十里山下有石城里

寶葢山去縣西南三十五里衆山廻合惟此獨秀故名

塢

〔棠紫塢〕在縣七十里夏履西溪山舊傳唐梓兩姓所居塢中修竹宻陰有清慧庵遺址

〔防塢〕越絕書越所以遏吳軍也

〔花塢〕在縣南三十里謝家橋之上每當春夏之交叢篁蔭鬱民處其地有上皇風

〔方干塢〕在縣西南十五里唐隱士方干所居有舟行隨路遠路入萬山通之句末云頭宜白此峯以塢西有白峯山故也

〔謝尚書塢〕在離渚山内

茶塢在梅山上

洞

風洞去縣北三十五里駝峯山上

秋巖洞去縣西八十五里越王山上俗呼仙人洞葛慶龍藏修之所後卒葬於此

碧山仙洞去縣西北四十八里巖碧色洞口如井下視莫測其廣北通巨海常有人持火深入聞有櫓聲隱隱而鳴山南有捍沙大王廟

溪

南池溪去縣西南二十六里發自秦望法華諸山入鏡湖

蘭亭溪去縣西南二十七里發自古博入鏡湖

離渚溪去縣西南三十里發六峯諸山北入鏡湖

餘支溪去縣西四十七里源有二一温一涼相滙不雜亦鏡湖之別派故名

道樹溪　大梅溪並在縣南十里受南池山水入鏡湖

芝溪去縣西四十七里餘支橋南

上淺溪去縣西南七十里發銅井山北至下洋曰虞溪

虞溪去縣西七十五里承上淺溪之流北至清潭曰白石潭

白石溪一名東溪去縣西七十八里上承虞溪北流至登仙橋分爲二派一注東北入錢清江一入鄭家閘達於查浦

巧溪去縣西南七十五里崇之山下有微泉無源漸流以致盛大最爲巧絕故名

相溪一名西溪去縣西八十里發自藏山嶺折流北至鎖秀橋下分爲二派禹治水至此遺履不顧行一里餘始覺乃相視之故名其溪

麻溪去縣西南一百二十里出自冕旒山合流西江

白龍溪　童子溪並在縣西南六十里受容山諸澗水出相溪

澗

雙溪澗去縣西南三十里出自法華山入鏡湖唐

李公垂詩有十峯排碧落雙澗合清漣之句

渚

蘭渚去縣西南二十五里晉王右軍修禊流觴之所

離渚去縣西三十里發源自唐里六峯諸山縈廻盤旋合于離渚溪

山川志上終

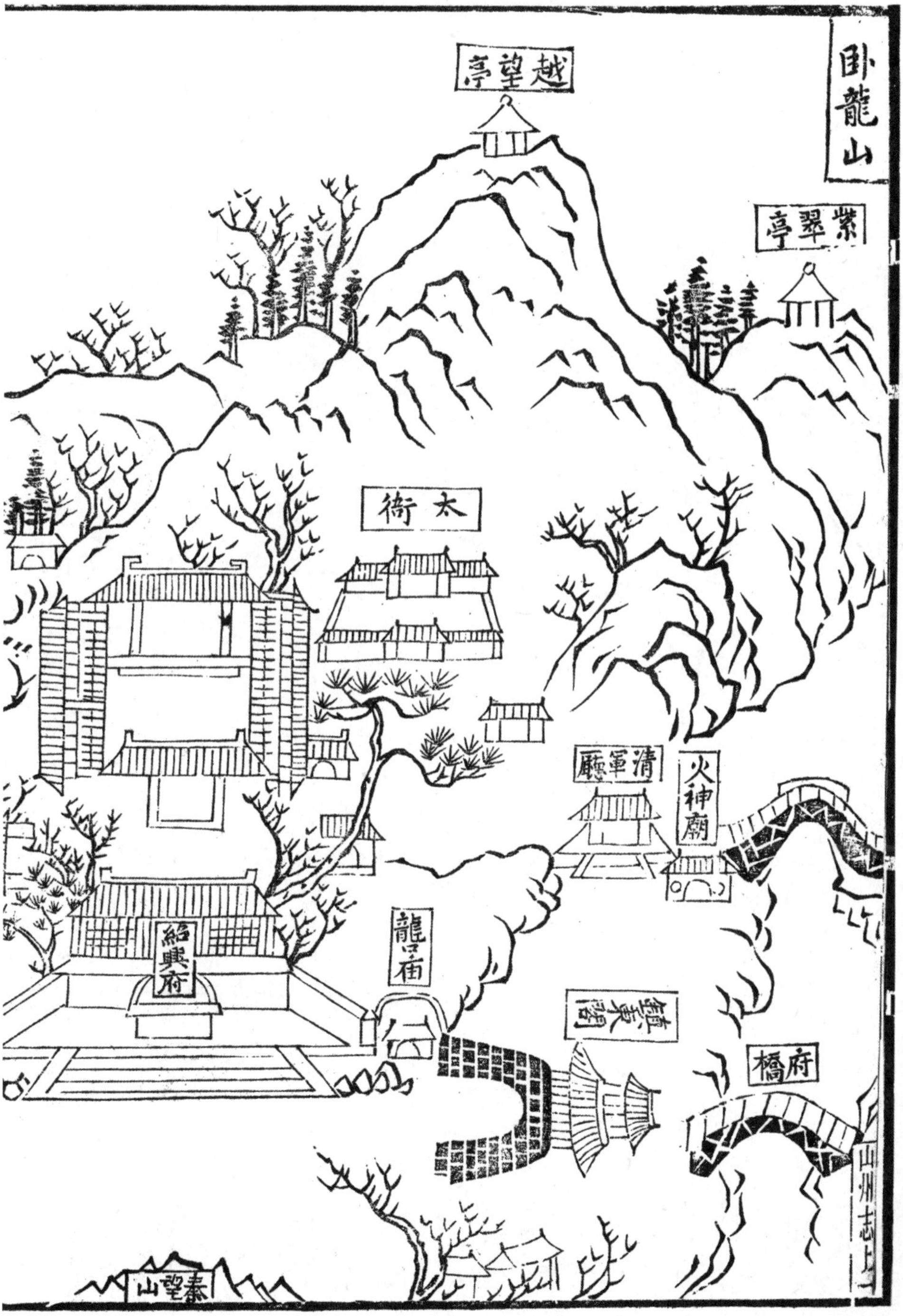
卧龍山
越望亭
紫翠亭
太衙
清軍廳
火神廟
紹興府
鎮東閣
府橋
秦望山

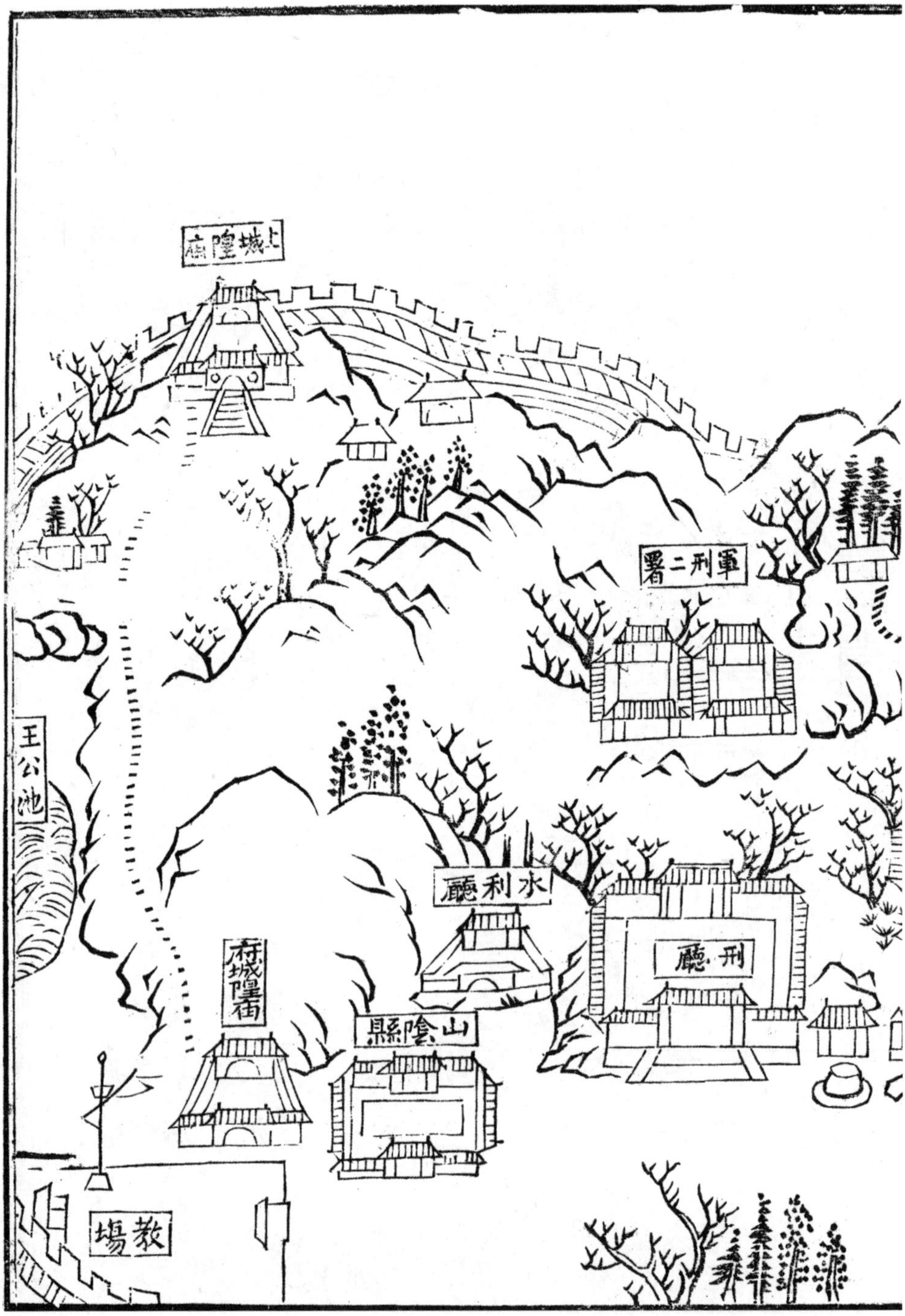
上城隍廟
軍刑二署
王公池
水利廳
刑廳
府城隍廟
山陰縣
教場

戢山圖
天王寺
都土地祠
題扇橋
山川志上

戒珠寺
石象池
浴鵝池
至大寺
東岳庙

應天塔山圖

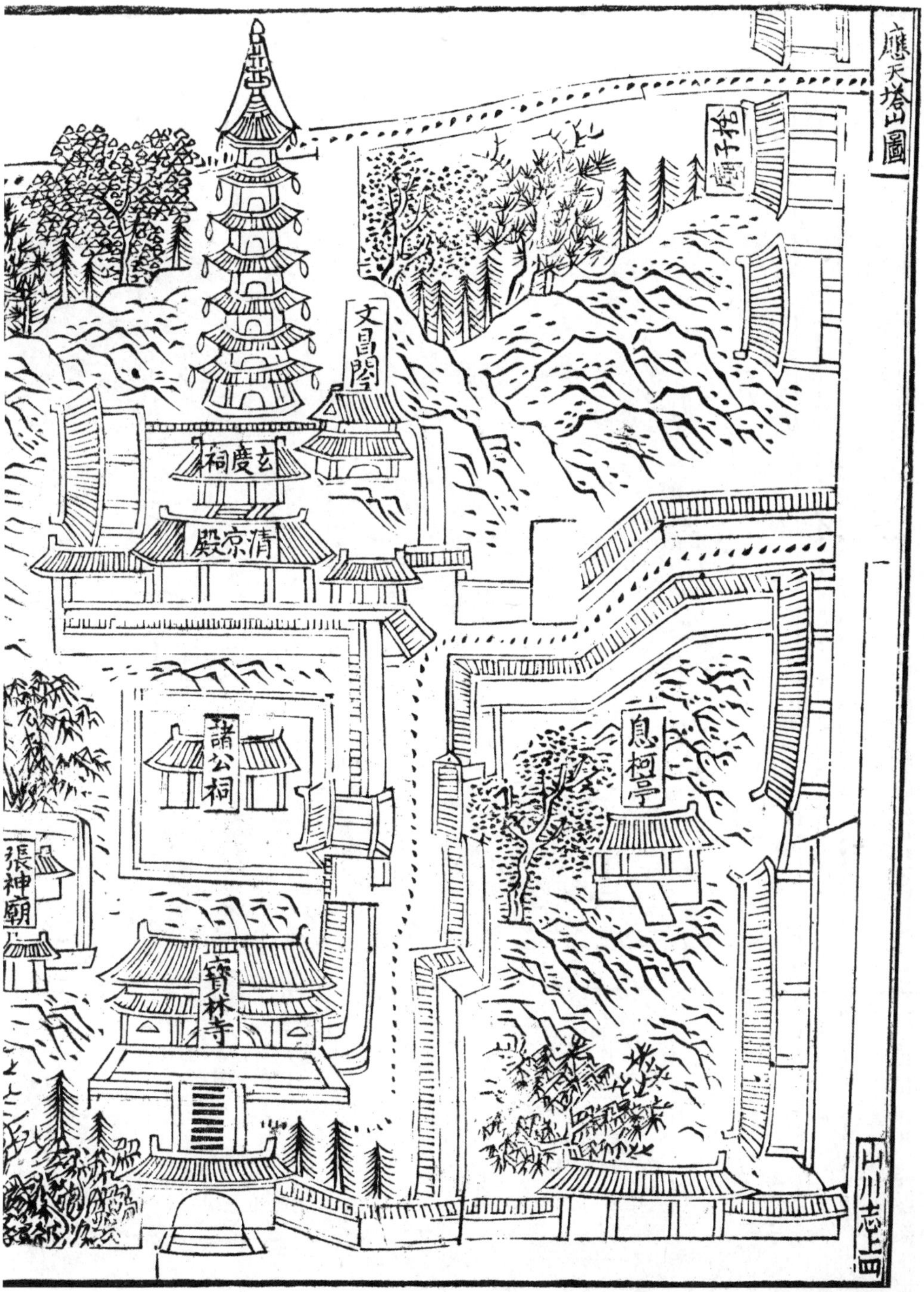

山川志上

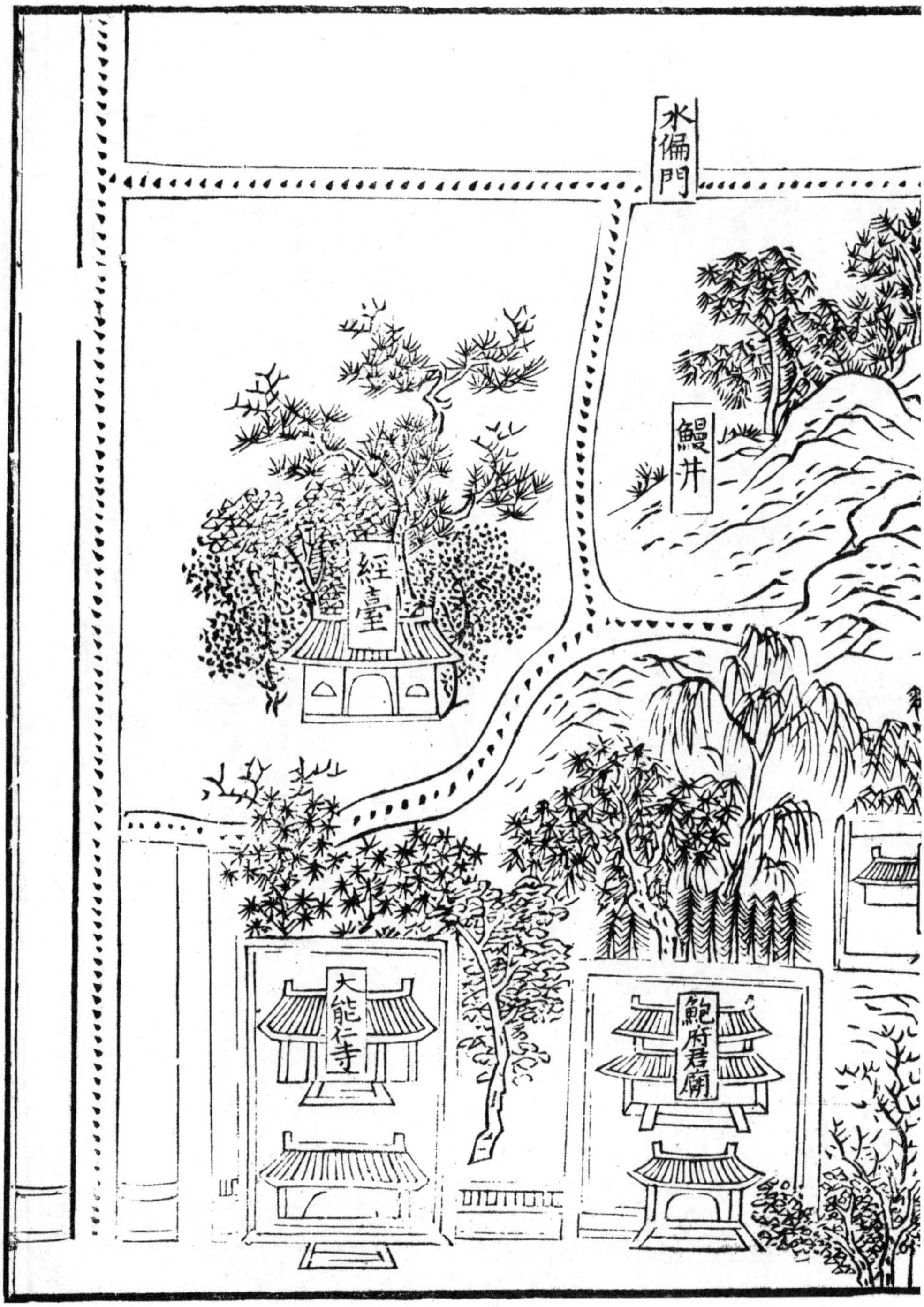
水偏門
鰻井
經臺
大能仁寺
鮑府君廟

香爐峯圖

梅里尖
青田湖

梅里尖
梅仙塢

秦望圖

天柱
爐峯
禹陵
稽山門

梅山圖
三江閘
孫家坟
丹井
梅山大橋
朱太守廟
昌安門
圖頭橋
戒珠山
山川志上七
劉聖儀畫

羊石山
上方山
下方寺
梅山寺
梅山大港
東白魚
西白魚
迎恩門

塗山圖
塗山
斬將臺
山川志

西家寺
小江

越王峥圖
錢塘江
大火山

走馬岡
山西嶺
山西寺
洗馬池

山陰縣志卷第五

山川志下

嶺　浦　瀆　滙　池　潭

湖　河　江　海　橋　渡

嶺

古博嶺去縣西南四十五里俗訛爲虎怕嶺

不負嶺去縣西三十里舊傳唐蕭翼得蘭亭帖復京至此喜而言曰不負此行矣故名

九嶺去縣西南五十五里

黃山嶺去縣西南七十里

巧溪嶺去縣西南七十里以溪得名

石門嶺去縣西南五十里

看怕嶺去縣西南八十里其路峻嶮行者皆懼故名

藏山嶺去縣西南一百里

蕭家嶺去縣西南一百里居民多姓蕭故名

歡潭嶺去縣西南一百三十里以潭得名

贔石嶺去縣西三十里

〈㨗石嶺〉去縣西四十里
〈嶽翠嶺〉去縣西三十五里
〈茅洋嶺〉去縣西三十五里
〈豪嶺〉去縣西三十里
〈容山嶺〉去縣西四十五里
〈刑塘嶺〉去縣五十五里世傳禹築塘斬防風氏故名
〈古城嶺〉去縣西六十里於越允常築城於此
〈石斑嶺〉去縣西七十五里產五色石故名

箬嶺去縣西六十二里

紫砂嶺在箬嶺北其地有紫砂故名

大嶺去縣西六十五里一名梅山嶺延聯七峯故名

遮翠嶺在縣西六十五里陸放翁曾卜居于此俗傳車水嶺

低嶺去縣西六十三里前有大嶺比之爲低故名

石頭嶺去縣西九十二里

浦

查浦去縣西一百里勾踐陳兵之處

射浦去縣南五里勾踐使陳音敎射之處

瀆

射瀆卽射浦之别名

甲瀆去縣北三十八里

楊瀆去縣西北十二里

官瀆去縣西北十里越絕云勾踐設土官於此

袍瀆去縣北十五里

薛瀆去縣西北二十里

霜瀆去縣西北二十五里在瓜渚湖

滙

紀家滙去縣西南一百里

大泗滙去縣西北四十五里

大滙去縣西南十五里即鑑湖南塘

紫溝滙去縣東百步

池

南池去縣東南二十六里池有上下二所會稽覽古云勾踐棲會稽范蠡即山穿池毓魚鼈三年水

陸之味不乏今古塘尚存池皆廢而爲田舊傳破塘村乃上池云

王右軍墨池去縣西南二十五里蘭亭橋東宋志華鎮記云每朝廷恩命至池水必先黑乃貯於壘以獻

王右軍鵞池墨池相近

向家池去縣西北三里最深廣宋時向皇后進香停舟於此故池内有梳粧臺其石基猶存

瑟瑟池去縣西二里以池水湛碧故名

泠然池在蕺山之麓

西禪池去縣北五里

王公池在縣治西臥龍山下宋守王逵所浚故名

司馬池在縣治北如坻倉西一名賀家池北有劉太史棟芙蓉園

石家池在縣東北織染局

龍噴池在縣西南以上二池明時多佃爲民業

洗馬池去縣西八十五里越王山上世傳勾踐洗馬於此故名

月池去縣五十里

唐家池去縣百步

甘草池在縣西四十五里夏履橋西湖廟近

九龍池去縣北三十五里

潭

射的潭在縣南仙人石室下其深莫測

照潭去縣南八里

蘇家潭去縣南一十八里

破潭去縣東南一十一里圖經謂之破塘廣八十

畆明惡其名改盛塘
月潭去縣西九里鏡湖三山之西
壽潭在月潭之西
歡潭去縣西南一百三十里水清味甘行者至此樂飲焉故名
清潭去縣西八十里水清瑩如玉又名碧潭
潮止潭去縣西八十里廣二十餘畆小江潮至此而止故名其水冬温夏涼
包家潭在縣西北二十里

白魚潭去縣西北一十里

朱家潭去縣東北一十八里潭傍有朱姓者居焉故名

石潭去縣西北一十八里潭底有活石故名

湖

鏡湖去縣南三里即古南湖也舊傳軒轅鑄鏡於此故名唐元宗賜賀知章鑑湖一曲故又名賀監湖綿跨山會二縣周廻三百五十八里總收二縣三十六源之水東至曹娥西至西小江南至山北

至郡城其初本潮汐往來之區東漢永和五年太守馬臻始築塘蓄水溉田九千餘頃又界湖爲二曰東湖曰南湖南湖灌山陰之田東湖灌會稽之田二邑地勢南高北下故鑑湖高田丈餘田又高海丈餘旱則放湖以溉田潦則洩田以注于海自晉永和迄於宋民甚利之祥符治平以來並湖之民盜湖爲田二湖合而爲一（祥符中盜湖爲田者二十七戸至慶曆間爲田四百頃）熙寧中廬州觀察推官江衍被譴至越不能建議復湖乃立牌於水以牌内之湖爲田聽民

入租凡八十餘頃至七百餘頃至郡守王嶷併牌外之湖盡廢古湖爲田者二千二百餘頃今湖皆爲田盡已升科有常額議欲復古以興水利者雖惜之而勢必不可行矣唐李白詩鑑湖三百里菡萏發荷花五月西施採人看隘若耶賀知章採蓮曲稽山雲霧鬱嵯峩鏡水無風也自波莫言春度芳菲盡別有中流採芰荷孟浩然詩始覽鑑湖物中流到底清不知鱸魚味但識鷗鳥情晚得樵風送春逢穀雨晴將探夏禹穴稍背越王城府椽有包子文章推賀生滄浪醉後唱因子寄同聲李頎寄鏡湖朱道士詩澄霽晚流潤微風吹綠蘋鱗鱗遠峯出淡淡平湖春芳草日堪把白雲心所親何事可爲樂夢裏東山人宋王十朋詩蒼蒼涼涼紅日生葱葱鬱鬱佳氣橫鏡湖春色三百里桃花水漲扁舟輕花間啼鳥傳春意聲落行舟驚夢寐胡床兀坐心鏡清轉覺湖山有

風味鑑中風物幾經春身在鑑中思古人禹蹟茫茫千載後疏鑿功歸馬太守太守湖成坐鬼責後代風流屬狂客狂客不長家鑑湖惟有漁人至今得日暮東風吹棹回花枝照眼入蓬萊回首湖山何處是欸乃聲中畫圖裏（趙抃詩）春色湖光照錦衣岸花汀草自芬菲若耶溪上遊人樂舉棹狂歌半醉歸（陸游詩）千金不須買畫圖聽我長歌歌鑑湖湖山奇麗說不盡且復與子陳吾廬柳姑廟前漁作市道士莊畔菱爲租一彎畫橋出林薄兩岸紅蓼連菰蒲村南村北鴉陣黑舍東舍西楓葉赤正當九月十月時放翁艇子無時出船頭一束書船尾一壺酒新鈎紫鱖魚旋洗白蓮藕從渠貴人食萬錢放翁癡腹長便便暮歸稚子迎我笑遥指一抹西村烟（李孝先詩）賀家湖裏見秋風放翁宅前東復東兩行雲樹忽遠近十里荷花能白紅行人濯足銀河上越女梳頭青鏡中我欲長帆上南斗扶桑碧海與天通（元陳孚詩）鏡湖八百里水光如鏡明偶尋古寺坐便有清風生天濶鴈一點山

空猿數聲老僧作茗供笑下孤舟輕（明劉基詩）若耶溪上雨聲來秦望山前霧不開欲渡鏡湖尋禹穴蒼藤翠木斷猿哀（錢宰詩）鏡湖白波木葉稀涼風蕭蕭入客衣季眞賜宅已無主太白酒船空棹歸野色鶩秋鴻雁下水聲吹晚鯉魚飛此時張翰吳軍去雲鎖稽山失翠微（陸仰詩）越王山下藕花洲夜近郵亭傍客舟水箭銅壺宮閣漏風簾銀燭酒家樓十年城郭歸黃鶴萬里烟波老白鷗霜月滿天清不寐蓬窗吟倚木棉裘（傅俊詩）重湖望斷水東西百折蓮塘曲曲堤楊柳暗藏茅屋小菰蒲遥映畫橋低採菱歌去聲還杳載酒船來路欲迷幾度落紅流出緩錯教人認武陵溪（王誼詩）春波橋外水連天一曲桑麻一曲烟僧磬遠聞松寺裏漁家多住柳塘邊雲深夏后藏書穴花艷知章載酒船回首蘭亭今寂寞流盃空說永和年（徐渭詩）鏡湖八百里何長中有荷花分外香蝴蝶正愁飛不過鴛鴦拍水自雙雙若耶溪上好風光無人將去獻吳王西施一病經三月數問荷花幾許長

天照湖去縣東三里

青田湖去縣西十五里周迴二十餘里溉田二千畝產菱芡之利

獱狳湖去縣北一十里周迴約廣十餘里俗又呼爲黄鰷湖爲舟楫往來之道淺不能畜水遇潦則盈遇旱則涸

菱塘湖去縣西五十里湖多菱葑故名後產水芝更名芝塘湖廣三千七百二十餘畝洪武二十七年奏奉工部勘合差官丈量築堤一面建閘一面

積水防旱每年七月處暑後三日啟瀝三十七八九三都田禾一萬八千餘畝民甚賴之近被附湖居民侵佔爲田水不甚畜

黄垞湖又名太師湖去縣北三十五里廣數百畝

感聖湖去縣西三十里宋高宗避兵泊此有異感故名與瓜瀦湖相連

錢家湖　楊家湖並在天樂鄉今皆陞科爲田

牛頭湖舊名後山湖去縣西六十五里廣二百餘畝有隄岸畜水灌田湖高田數尺可畜水以灌下

鄉之田
黄湖去縣西北五十二里廣二頃九十八畝
西湖去縣西八十里廣五十畝
馬安湖去縣西北十里今已陞科爲田
上盈湖去縣西一百里廣三頃五十畝
下盈湖去縣西一百里廣七頃七十畝二湖皆陞
科爲田
白水湖去縣北十里旁通運河遇旱不涸甚足以
資灌溉產茨魚鱖之利

石湖去縣西三十里廣一百頃
容山湖去縣西三十五里廣三十餘頃
秋湖去縣西三十五里廣三頃灌田千頃
瓜瀦湖去縣西三十里湖有二前瓜瀦後瓜瀦廣千餘畝淺不能畜水遇旱則涸

廢湖

鑑湖　錢家湖　楊家湖　馬安湖　上盈湖

下盈湖　鼉石湖　撞石湖　確石湖　相湖

並在城南乃鑑湖之別名今皆陞科爲田

河

運河 宋紹興年間運漕之河也去縣西一十里西通蕭山東通曹娥橫亘二百餘里舊經云晉司徒賀循臨郡鑿此以溉田雖旱不涸至今民仰其利鄉間支河甚多不能盡載

府河 舊爲市民塡佔窄狹嘉靖三年知府南大吉疏浚舟楫無礙民歌思之

縣河 東自蓮花橋西通王公池

鄉都諸河 其名稱廣狹已載郡志中通判江軾水

利圖志繁不盡載

三江城河在三江城下爲各縣糧船往來之道

江北河在西江之北大海之南每爲潮水灌入沙塗壅積遇澇輙溢遇旱則涸不能瀦畜以資灌漑

簞醪河在縣治東卽府河華鎭考古云勾踐撫存國人與共甘苦有獻壺漿受之覆流水上士卒承流飮之人百其勇宋徐天祐詩往事悠悠逝水知習流尚想報吳時一壺解遣三軍醉不比商家酒作池

江

西小江去縣西北四十五里其源在諸暨之浣江分爲二派初出天樂經流蕭山轉東北達於海天順元年太守彭誼建白馬山閘以通三江口之潮閘東盡漲爲田於是江水不通於海矣

錢清江去縣西五十里按舊志卽浦陽江也漢太守劉寵有惠政山陰有數父老賫百錢送之寵選一大錢投於江遂呼曰錢清江今已通運河江廢

海

三江海口去縣西北五十八里北望嘉興之澉河

西連浙江

白洋海口去縣西北五十八里北望嘉興之澉浦西連浙江

橋

府橋在縣東北一里鎮東閣東　酒務橋在縣東南一里　蓮花橋在縣東南百餘步　平章橋在縣東南半里　鳳儀橋在縣東南半里近司獄司俗名懊來橋　王儀橋在縣南一里　拜王橋在縣南一里錢鏐平董昌邑人拜於此故名又名登瀛橋　大郎橋在縣西四十步　小郎橋在縣西五十步　清泠橋在縣西南西園門上　章家橋在縣東南二里　如坻橋在縣東北二里以近如坻倉故名　倉橋在縣

東北二里許以近便民倉故名

鯉魚橋在縣北二里許

錦鱗橋在縣北二里許宋時浙東貢院故址故二橋之名皆取此

謝公橋在縣北三里太守謝公所置故名

北海橋在縣北三里許俗傳唐李匽寓居於此

光相橋在縣北三里許

弘濟橋在火珠山下本名火珠橋嘉靖間郡守南大吉名寶珠後守湯紹恩重修改今名

捨子橋在縣東南五里

承天橋在縣東南一里

木瓜橋在縣東北二里

大雲橋在縣東北四里

隆興橋在縣東南三里

水澄橋在縣東北二里

新河橋在縣東北二里許

江橋在縣東北三里乃宋江彪居於此故名

小江橋在江橋邊故以小名

斜橋在縣東北三里本名中正橋

大善橋在縣東北二里許

草貌橋在縣北三里

題扇橋在縣東北四里許

香橋在縣東北三里許

畫馬橋在縣東北

五里許

探花橋在縣東北五里　**板橋**在縣北一里許　**萬安橋**在縣北二里

昌安橋在縣東北五里以上諸橋皆在縣治內　**亭山橋**去縣南一十五里山近鏡湖諸溪之水滙焉東入郡城西通諸曁路　**稽山橋**去縣南一十五里鏡湖上以近稽山故名東入郡城西通諸曁路　**西跨湖橋**去縣西南五里鏡湖上南通離渚路　**十老橋**去縣西南十五里有老者十人共建故名　**蘭亭橋**去縣西南二十五里許又爲含暉橋　**橫塘橋**去縣西南二十五里　**大虹橋**去縣西南四十里古今人多以虹蜺與橋方比而此橋又雄架湖上遂名之曰大虹　**白樓堰橋**去縣西八里昔橋傍有亭名曰白樓而橋亦名東入郡城南通諸曁路　**何山橋**去縣一十里東入郡城南通諸曁路　**迎恩橋**在迎恩門外舊名菜市橋　**永樂橋**在迎恩門外西北五十步　**虹橋**去縣十里宋理宗少時浴

於此故又名浴龍橋

瓜咸橋　去縣西北十里又名會龍橋

霞頭橋　去縣西北一十三里

杜浦橋　去縣西北一十五里

高橋　去縣西北二十五里運河塘上橋最高故名

越浦橋　去縣西一十四里

興福廟橋　去縣西一十四里

梅市橋　去縣西北二十里

王城東橋　去縣西北一十二里

王城西橋　去縣西北一十五里

柯橋　去縣西北三十里柯亭下

魯墟橋　去縣西北一十五里

阮社橋　去縣西北四十五里

太平橋　去縣西北四十六里橋北有張帝祠

板橋　去縣西北五十里

賓舍橋　去縣西六十五里

餘支橋　去縣西北四十八里

清江橋　去縣西五十三里

湖塘跨湖橋　去縣西四十里東入郡城西通蕭山路

禹會橋　去縣西六十里

夏履橋　去縣西南八十里夏禹治水遺履於此故名

宣橋　去縣西五十八里明

時景泰初重建改名登仙鎖秀橋在登仙橋西百步湖上橋去縣西八十里相步橋去縣西八十里官瀆橋去縣西北十里錢清浮橋去縣西北五十三里舊以木柵爲浮橋明時弘治八年邑人周廷澤建萬家橋去縣西四里興安橋去縣西北二十五里鄉人祁茂興建功未就而卒其子子安繼之而成以其父子之名名橋云廣溪橋去縣西北五十二里西小江浮橋去縣西北五十五里文應橋去縣七里俗傳朱買臣讀書于此後封文應侯故名高門橋去縣東北十里昌坊橋去縣東北十里趙墅橋去縣東北一十五里六山橋去縣東北二十里富陵橋去縣東北一十五里嘉靖間新建七眼橋去縣西南二十里梅仙橋去縣西南二十里寨口橋去縣西南七十里青墩橋去縣西北五十里上橫橋

去縣西南二十八里梅林橋去縣西北四十八里行義橋去縣西北五十里趙
家廟橋去縣西北五十里通利橋去縣西北五十里上下平橋去縣
三十里螭峯下鑑湖橋去縣西北一十五里涵清橋鍾秀橋並在縣西
小步里以上諸橋皆在縣治外浮橋在尖山去縣一百二十里維舟爲橋以濟大軍之入閩
金仙橋在縣西六十五里明因寺之傍宋祁國公杜衍所建七賢橋去縣西南二十
里梁鴻孟光樵隱處梅福隱處方干遊寓處呂祖謙讀書處胡致堂胡五峯住處狀元橋
舊名王家橋去城南五里因明狀元張元忭故名河東橋舊名太原橋正德癸酉里人盛
悅建御史馮應鳳改今名東浦灞橋去縣西北十二里天濟橋去縣西北十五
里在猤猤湖口渭水橋去縣三十里迎恩鄉小步村中潭口

渡

南堰門渡去縣南五里　**前梅渡**去縣西北六十里錢清江上流南通諸暨北通蕭山濱江之民造舟以渡　**張湖渡**去縣北七十里　**邵家渡**去縣西北三十里　**三江渡**去縣東北三十三里明時知府湯紹恩改建新閘　**荷湖渡**去縣北三十三里在璜山東大峯山南上通扁拖甲蓬二閘下接三江新閘北有荷湖俗訛云濠湖周圍數里　**查浦渡**去縣西八十里　**蘭亭渡**去縣南二十五里跨蘭渚之流　**離渚渡**去縣西三十里

鑑湖圖
秦望山
鑑湖亭
道士庄
和尚橋
鑑湖鋪
則水牌
西墟斗門
廣陵斗門
白樓閘
白樓堰
中堰
石堰
湖桑堰
沉釀堰
蔡家堰
葉家堰
許堰
章家堰
賓舍堰
抱姑堰
西小江
中堰
西
南
北
山川志下

南
東山江
天柱山
蒿尖
蒿斗閘
南鎮
會稽山
山川壇
禹陵
東
方千島
三橋閘
曹娥斗門
樊家堰
蔣家堰
曹娥廟
彭家堰
瓜山斗門
小陵閘
東郭門
東郭閘
堰
曹娥江
王家堰
陶家堰
茅洋堰
正平堰
樊江堰
皇埠堰
石堰
陡門堰
則水牌
都泗閘
都泗堰

柯橋圖

融光寺
弥陀寺

海防圖

海
党山臺
烏峯臺

山陰縣志卷第六

古蹟志

臺　閣　樓　堂　闕室　亭　宅　園　館

井　泉　石　塘驛　器物

補山川不改景物已非其能久留者幾何乃猶令人憑弔不已則以記載可傳也葢愛其人并不忘其人之蹟好古者亦有所考鏡焉

臺

越王臺按臺舊在臥龍山巔越王勾踐登眺之所

宋守王綱移置山之西岡今在光化亭上（唐李白詩）越王勾踐破吳歸義士還家盡錦衣宮女如花滿春殿只今惟有鷓鴣飛（明貢悦詩）曙光晴散越王臺萬壑千巖錦綉開俯檻僧鐘雲外落捲簾漁唱鏡中來樹藏茅屋鷄聲斷露濕松巢鶴夢回安得畫圖分隙地移家仍任小蓬萊

望烏臺　昔越王勾踐入吳有丹烏夾王而飛故其霸也起望烏臺以表其瑞今温泉鄉十九都鏡湖傍山有望烏臺舊址

望月臺　汪綱建在府治中壞巳久（王十朋詩）明珠遥吐卧龍頭漸覺清光萬里浮人望使臣如明月更清如鏡莫如鈎

賀臺會稽舊志云在長湖山之西嶺有賀臺越王滅吳還而成之以志慶也

中宿臺越絶書云勾踐典樂中宿處也久廢

斬將臺在縣西北四十五里塗山東禹東廵會諸侯於此防風氏後至以其人長築臺斬之

駕臺越絶書云周六百步今安城里吳越春秋駕臺在於越丘

宴臺在府城東南吳越春秋宴臺在於石室

靈臺在龜山吳越春秋云起游臺其上又云冠其

山巔以爲靈臺水經注起靈臺於山上作三層樓以望雲物

閣

蓬萊閣在臥龍山上五代時吳越王錢鏐建宋時尚存〔唐元稹詩〕州城縈遶拂雲堆鏡水稽山滿目來四面無時不屏障一家終日在樓臺星河影向簷前落鼓角聲從地底迴我是玉皇香案吏謫居猶得小蓬萊〔宋張伯玉詩〕書報蓬萊高閣成越山增翠越波明雲收海上天風靜人在月中金翠橫游女弄芳珠作珮仙人度曲玉爲笙會須長揖浮丘伯醉聽銀河秋浪聲〔又〕萬疊湖山烟水濱朱門晝戟問松筠登臨不踏紅塵路燕寢長居紫府春晝靜欲驂風外駕夜深疑是月中身我慙白首方懷紱猶得蓬萊作主人〔王十朋詩〕中秋玩月

小蓬萊風起嬋娟入座來樽俎論文淸有味湖山照眼淨無埃雲生脚底蛟龍臥影落人間鼓角催把酒問天兼問月何時此夜更啣杯（又）𫐄龍車轍徧塵寰只道蓬萊在海間空上望秦山上望不知此處是神山（明高啓詩）旅思曠然釋置身蒼林杪郡山爲誰來歷歷散淸曉奇姿脫霧雨奮身爭欲矯氣通海烟長色帶州郭小曲疑藏啼猨橫空截歸鳥流暉互蕩潡下有湖壑繞佳處未徧經一覽心頗了秦皇遺跡泯昔士風流沓願探金匱篇振袂翔塵表

星宿閣在臥龍山麓城隍廟西偏山陰境也前列梅嶺諸峯遠望數十里田疇棊置鱗次屋舍星錯綠樹迷烟淸流紆廻護之小舟浮水面如落葉人行隱隱盡郡城西南之勝（明蕭鳴鳳詩）岑樓厰虛牖羣峯翠堪拾獨臥春

霄靜乍聴秋風入溪雲忽成雨幽竇泉聲急夢過天台巔足下星辰濕

張佳胤越中諸公招飲星宿閣詩飛閣擁岩嶤丹梯荷見要人占星宿聚地受海雲潮萬井憑欄得長空過目遥江湖曾覇越封甸已歸堯拍掌山陰道移尊北斗杓張筵成玳瑁高論各璚瑶客自東南美臺堪夏暑銷淡烟催落日醉語散青霄不盡蘭亭路貪看秦望標羣公似有意雲壑擬相招

延桂閣在清思堂之側在府治中前有巖桂甚古宋守趙彥倓建益館士所寓之地今廢

鎮東閣在縣治東北一里府治之左即舊子城鎮東門吳越王錢鏐時改名鎮東軍門宋元以來名鎮東閣明嘉靖元年燬於火四年知府南大吉復

翔輪奐偉麗屹然爲東南巨觀

樓

飛翼樓在臥龍山上舊經云越范蠡作飛翼樓以壓強吳唐人因樓址爲望海亭已廢至明嘉靖十七年郡守湯紹恩改建爲越望亭

西樓舊記云在縣西唐孫逖詩都邑西樓芳樹間逶迤霽色遶江山山月夜從公署出江雲晚對訟庭還誰知春色朝朝好二月飛花滿江草一見湖邊楊柳風遥憶青青洛陽道

滿桂樓唐李紳詩序云架樓州城西南臨眺于外盡見湖山別開外扉通杜鵑樓

杜鵑樓　樓前植杜鵑花

望雲樓　舊經云即勾踐遊臺也

披雲樓　宋齊唐詩　元和文物盛羣賢會借蓬萊位列仙人入簾櫳山外寺樹擬臺榭鏡中天

新樓　唐白居易嘗與元微之集于新樓北園

逍遥樓　大學士朱賡建於東武山上　其記曰越之山庋鑑湖而入郡城者八其大而著者三曰臥龍曰蕺曰東武皆南向秦望若鼎峙然臨觀之美他山莫及也然臥龍爲郡治人不得時登蕺稍東偏一望壘壘有北邙之感焉惟東武地最幽而於秦望最中即臥龍且偃然擁其背而蕺亦障其肩互爲兹山用又二山所爲遜美也其上爲應天浮屠古刹在焉余嘗結一室讀書其中因誌稱兹山從瑯琊海中飛來乃大書其壁曰小瑯琊示不忘本也由臺而西

編竹爲戶曰採菊門内建五楹仍南向曰萬青軒由軒而入曰薜荔坡循坡而上地復方廣前鑿小池畜諸色魚百許頭旁植牡丹數十本他花石稱是而所謂逍遥樓者巋然臨其上焉樓之下爲白雲館又進爲圓覺洞天洞天僅容蒲團而虛其頂可闔可闢日月正中則精光直射懷内可仰而吸之亦一奇也樓凡三楹與浮屠東西犄角十里之外望而見之環樓皆牖環牖皆城環城皆湖環湖皆山開牖四顧則萬堞之形蜿蜒如帶鑑湖八百錯滙於田疇間如飄練浮鏡而秦望一山領諸峯隔湖而羅謁焉又如錦幔綉屏層見疊出殆不可數余性喜覽眺常苦無濟勝具并斯樓也几席之内靡非湖山不雙屐而畢登不扁舟而畢濟終日臥而遊焉若其太虛之寥廓原野之莽蒼與夫烟雨風雪之變態草木鳥獸之吹息無不寓之耳目飽之胸襟有嗒焉忘其身世而悠然遊于方之外者故曰

逍遥也

勑書樓明正統八年爲旌高宗淵好義而建翰林
修撰商輅爲之記
御書樓董玘家建以藏書

堂

大觀堂　清思堂宋張伯玉有詩白雲無事不肯出幽鳥有時還自來
清白堂　逍遥堂宋張伯玉有詩旌麾千騎長風月一堂深
賢牧堂　棣萼堂
鎮越堂　涼　堂以上堂俱在府治中
飛蓋堂在西園　漾月堂在王公池北

觀風堂在卧龍山東麓宋紹興中曹詠建王十朋詩薄俗澆風有萬端欲將眼力見應難但令心鏡無塵垢端坐斯堂即可觀今廢

蜀山草堂在蜀山元羅天錫詩蜀山秀東國翠色分峩眉人傳西極來萬里如龍飛根盤大江曲終古不復移之子結茅屋開軒當翠微流水穿澗道白雲繞巖扉松葉釀我酒吉具爲我衣山鳥或勸飲木客同吟詩造化總前定榮名不可期終焉志嘉遯採藥復採芝

闕室

雙闕水經注雙闕在北門外闕外百步有雷門門樓兩層勾踐所造

金堂玉室晉書許邁傳邁嘗語王右軍自山陰南

至臨安多有金堂玉室仙人芝草〔宋蘇軾詩〕金室玉堂餘漢士桃花流水失秦人〔又詩〕若逢逸少問金堂應與稽康留石髓

亭

〔越望亭〕在臥龍山巔嘉靖十五年知府湯紹恩建即望海亭故址亭之題咏有集〔會稽董玘序〕越望亭奚爲作也存古也紹興古越地爲勾踐故國郡署依臥龍山山之冢嶺則亭所[illegible]也亭初名飛翼樓勾踐時范蠡所建歲久寖圮後人葺之名望海亭歲久復圮正德間猶餘石柱者四前守曳而仆之古迹遂泯篤齋湯侯自德安舉能治劇來涖于茲踰年政通人和乃及斯亭經工庀材不浹旬而亭屹然以完更名越望者以龍山爲一郡之望又前與秦望山相值也其名義與地斯稱矣蓋昔之稱勝槩者必于深

山窮谷如所謂羅浮天台衡嶽廬阜乃皆在乎僻陋之鄉人迹所罕能至惟金陵錢塘二郡會號爲盛麗然其占形勝治亭榭者亦必於郊野之外而好事者後得以爲己功未有直治城内闤闠不踰庭闕而湖山林壑之美烟雲潮汐之變人物居邑之繁一寓目而盡得之徧行天下者無踰於此亭北顧傾圮堙沒于榛莽間且千餘年前後爲守者不知其幾莫或訥及至侯而一旦復之遂冠絶于他邦雖博物辨名莫能窮其狀者傳曰賢者之與而愚者之廢非此類也夫於是郡之父老扶携聚觀其大夫士之能言者及形諸歌詩輯爲巨集諸僚佐春山孫君形齋周君誠齋葉君仰峯周君將刻以傳而屬予爲序予閱而嘆曰詩人美復古斯亭也侯以古迹之所寓然且復而存之况古之善政善教有利於今者乎苟其職之所得爲與時之可爲有弗究圖者乎然則斯集也豈徒以侈遊觀之勝將俾繼侯而理者即其細知其大也故不辭而書之侯蜀之安岳人諱紹恩字汝承篤齋其號

嘗取聖祖教民榜註釋刊行又有勸善書養蒙條
訓皆教令之著者肇建三江應宿閘尤有功于民
云（吏部侍郎謝丕詩）小亭著向卧龍尖東越爭傳
勝事添八面奇靈環海嶽四時作息見閭閻星河
烱烱仙凡隔徑路蕭蕭吏隱兼欲擬簪苔尋舊跡
重教柱石聳遐瞻（知府湯紹恩詩）龍合兩江如鳳
舞東來越望氣氤氳千年王覇名山在萬壑風烟
高閣分參錯翠華羅縮帶平臨奎壁煥人文漫游
非爲新亭計憂樂關情荅聖君（同知孫全詩）龍嶠
堆盤壓螽城遶亭風景海天清松羅遺跡千年史
薪膽垂名幾度鶯星斗摘來雲氣爽江山望裏曙
光平閭閻何處歡歌動擊壤驚聞第一聲（通判葉
金詩）掖蘿直上最高峯入望晴巒擁碧空海嶽平
分玄圃界風雲近際玉皇宮碑殘芳草嗟陳迹亭
構飛翬識鉅工勝境廢興眞有待龍岡從此益增
雄（推官陳讓詩）亭成越望俯松關襟帶甌吳女斗
閑日浴桑泉雲外海江分南北浙東山卧薪露冷
飄菰米刊木祠高垂宇寰自古會稽王覇地峯巒

不盡意中看

光化亭縣治之後據山崗稍面東南勢最高敞四望諸山盎拱列而奇絶

惠風亭府山之北

紫翠亭在臥龍山之上

東亭在惠風亭北古以爲飲客之地唐宋之間夜飲東亭詩春水鳴大壑皓月吐層岑岑壑景色佳慰我遠遊心晴芳足幽氣驚棲多衆音高興南山曲長謡横素琴今二亭俱廢

霖雨亭一名新亭同知王近訥建

觀德亭王尚書希呂建用以習射

五雲亭在卧龍山東峯宋章岷建岷自爲詩卧龍東嶺冠雲霞亭面溪流對若耶

海榴亭唐李紳詩海榴花早開繁蘤光照晴霞破碧烟其址不知何處

望仙亭紹興七年趙侍郎不流建南依巖石北望梅山今廢

五桂亭州將高紳植五桂于亭前故名疑即飛翼樓所改今無攷

多稼亭在望海亭下王補嘗修焉

茂林亭　綠波亭　流觴亭　列翠亭　春榮亭

夏陰亭　秋芳亭　冬瑞亭　華星亭　清曠亭

逍遥亭　騁懷亭　徘徊亭以上亭俱在西園內今廢

極覽亭賢牧堂之西北淳熙七年李參政彥頴建

清白泉亭在府治內泉清而色白故名宋守范仲淹記會稽府署據臥龍山之南足北上有蓬萊閣閣之西有涼堂堂之西有巖巖之下有地方數丈密蔓深叢莽然就荒一日命役徒而闢之中獲廢井即呼工出其泥滓觀其好惡擇高年吏問廢之由不知也乃扃而澄之三日而後汲視其泉清而白色味之甚甘淵然丈餘綆不可竭當大暑時飲之若餌白雪咀輕氷凛如也當嚴冬時若遇愛日得陽春温如也其或雨作雲蒸醇醇而渾蓄山澤通氣應于各源矣又引嘉賓以建溪日注臥龍雲門之茗試之則甘液華滋悅人性靈觀夫大易之象初則井

道未通泥而不食弗治也終則井道大成收而弗幕有功也其斯之謂乎又曰井德之地蓋言所守不遷矣井以辨義蓋言所施不私矣聖人畫井之象以明君子之道焉予愛其清白而有德義爲官師之規因署其堂曰清白又構亭于其側曰清白亭庶幾居斯堂登斯亭而無忝亭名哉寶元二年月日范仲淹記（王十朋詩）錢清地古思劉寵泉白堂虛憶范公印綬紛紛會稽者誰能無愧二賢風

蘭亭 一名稽亭去縣西南二十七里（越絕書云）勾踐種蘭渚至晉王羲之爲右軍將軍會稽内史與同志太原孫綽陳留謝安全其子獻之等四十有二人修禊於此（羲之自爲之序）永和九年歲在癸丑暮春之初會于會稽山陰之蘭亭修禊事也羣賢畢至少長咸集此地有崇山峻嶺茂林修竹又有清流激湍映帶左右引以爲流觴曲水列坐其次雖無絲竹管絃之盛一觴一詠亦足以暢敘幽情是日也天朗氣清惠風和暢仰觀宇宙之大俯察品類之盛所以遊目騁懷足以極視聽之

娱信可樂也夫人之相與俯仰一世或取諸懷抱晤言一室之内或因寄所托放浪形骸之外雖趣舍萬殊静躁不同當其欣于所遇暫得於巳快然自足曾不知老之將至及其所之既倦情隨事遷感慨係之矣向之所欣俛仰之間以爲陳迹猶不能不以之興懷況修短隨化終期於盡古人云死生亦大矣豈不痛哉每覽昔人興感之由若合一契未嘗不臨文嗟悼不能喻之于懷固知一死生爲虚誕齊彭殤爲妄作後之視今亦猶今之視昔悲夫故列叙時人錄其所述雖世殊事異所以興懷其致一也後之覽者亦將有感于斯文〔詩〕曰代謝鱗次忽焉以周欣此暮春和氣載柔詠彼舞雩異世同流乃攜齊契散懷一丘〔又詩〕仰視碧天際俯瞰綠水濱寥閒無涯觀寓目理自陳大矣造化功萬殊莫不均羣籟雖參差適我無非親 一十二人詩二篇成 〔謝安詩〕伊昔先子有懷春游契兹言執寄傲林丘森森連嶺茫茫原疇迥霄垂霧凝泉散流〔又詩〕相與欣嘉節率爾同褰裳薄雲

羅物景微風翼輕帆醇醪陶丹府兀坐遊羲唐萬殊混一象安復覺彭殤〔謝萬詩〕肆眺崇阿寓目高林青蘿翳岫修竹冠岑谷流清響條鼓鳴音玄崿吐潤霏霧成陰〔又詩〕司冥卷陰旗句芒野陽旌靈液被九區光風扇鮮榮碧林輝翠萼紅葩擢新莖翔禽撫翰遊騰鱗躍清冷〔孫綽詩〕春詠登臺亦有臨流懷彼伐木肅此良儔修林陰沼旋瀨營丘穿池激湍連濫觴舟〔又詩〕流風拂狂渚亭雲蔭九皐鶯羽吟修竹游鱗戲瀾濤携筆落雲藻微言剖纖毫時珍豈不甘忘味在聞韶〔徐豐之詩〕俯揮素波仰掇芳蘭尚想嘉客希風永歎〔又詩〕清響擬絲竹班荊對綺疏零觴飛曲津歡然朱顏舒〔孫統詩〕茫茫大造萬化齊軌罔悟玄同競異標旨平勃運謨黃綺隱几凡我仰希期山期水〔又詩〕地主觀山水仰尋幽人蹤迴沼激中逵疏竹間修桐因流轉輕觴冷風飄落松時禽吟長澗萬籟吹連岑〔王彬之詩〕丹崖竦立葩藻映林淥水揚波載浮載沉〔又〕鮮葩映林薄游鱗戲清渠臨川欣投釣

得意豈在魚〔王凝之詩〕莊浪濠津巢步潁湄冥
心眞寄千載同歸〔又詩〕氤氲柔風扇熙怡和氣淳
駕言興時游逍遥映道津〔王肅之詩〕在昔暇日
味存林嶺今我斯遊神怡心静〔又詩〕嘉會欣時游
豁爾暢心神吟咏曲水瀨淥波轉素鱗〔王徽之
詩〕散懷山水蕭然忘羈秀薄粲穎疎松籠崖游禽
扇霄鱗躍清池歸目寄歎心冥二奇〔又詩〕先歸有
冥藏安用羈世羅未若保冲眞齊契箕山阿〔袁
嶠之詩〕人亦有言得意則歡嘉賓既臻相與游盤
微音迭詠馥焉若蘭苟齊一致遐想揭竿〔又詩〕四
眺華林茂俯仰晴川涣激水流芳醪豁爾累心散
遐想逸民軌遺音良可玩古人詠舞雩今也同斯
歎　一十五人詩一篇成〔希曇詩〕温風起東谷
和氣振柔條端坐興遠想薄言遊近郊〔王豐之
詩〕肆眄巖岫臨泉躍趾感興魚鳥安居幽跱〔華
茂詩〕林榮其蔚浪激其隈泛泛輕觴載欣載懷
〔庾友詩〕馳心域表寥寥遠邁理感則一冥然斯會
〔虞說詩〕神散宇宙内形浪濠梁津寄暢須臾歡

尚想味古人【魏滂詩】三春陶和氣萬物齊一歡
明后欣時和駕言耽清瀾亹亹德音暢蕭蕭遺世
難望巖愧脫屣臨川謝揭竿【謝繹詩】縱暢任所
適廻波縈遊鱗千載同一朝沐浴陶清塵【庾蘊
詩】仰想虛舟說俯歡世上賓朝榮雖云樂夕斃理
自因【孫嗣詩】望巖懷逸許臨流想奇莊誰云真
風絕千載挹遺芳【曹茂之詩】時來誰不懷寄散
山林間尚想方外賓超超有餘閒【曹華詩】願與
達人遊邂逅遊濠梁狂吟任所適浪流無何鄉
【桓偉詩】主人雖無懷應物貴有尚宣尼遨沂津蕭
然心神王數子各言志曾生發奇唱今我欣斯遊
慢情亦暫暢【王玄之詩】松竹挺巖崖幽澗激清
流蕭散肆情志酣觴豁滯憂【王蘊之詩】散豁情
志暢塵纓忽以捐仰詠挹遺芳怡情味重淵【王
渙之詩】去來悠悠子披褐良足欽超迹修獨往真
契齊古今　一十六人詩不成曰謝瑰曰卞迪曰
丘髦曰王獻之曰楊模曰孔熾曰劉密曰虞谷曰
勞夷曰后綿曰華耆曰謝藤曰任凝曰呂系曰呂

本日曹諢各罰酒三觥孫綽爲後序其辭曰古人以水喻性有旨哉非所謂渟之則清淆之則濁耶故振轡于朝市則充詘之心生閑步于林野則寥落之意興仰贍羲唐邈然遠矣近詠臺閣顧探增懷聊于暧昧之中期乎瑩拂之道暮春之始禊于南澗之濱高嶺千尋長湖萬頃乃藉芳草鑑清流覽卉物觀魚鳥具類同榮資生咸暢於是和以醇醪齊以達觀快然久矣焉復覺鵬鷃之二物哉躍靈縱轡急景西邁樂與時去悲亦係之往復推移新故相換今日之迹明復陳矣原詩人之致興諒歌詠之有由文多不載大畧如此所賦詩亦裁而綴之如前四言五言焉

明太祖御製流觴曲水圖記

古蘭亭流觴曲水圖一卷俯清流而沸湍仰茂野而幽靜亭坐一人下覗游鵞一裍一皮二人露列流側一授一接松下二人一掀髯而問一凝卷而聽巖傍一人神倦而伸身澗右一人一手舉卷一手握筆按膝竹間二人一卷軸已成一回

身以軸而授老竹下二人年老屈脊抱膝棄卷而息一臨流而探杯淵北二人一據膝而問一以手印地而聽又竹邉二人一收卷而捲一紐頸而觀詩底一人安筆硯整衣冠而坐其頴川庾蘊過酒覆杯交睫不開僕者撼之參軍楊模隔流而躍如伶人狀王獻之攝衣而憇王肅之將俯流而取觴司馬虞説凝軸以言呂系側身以手踞地而聽后綿酩酊握卷坐寢孔熾酒後持卷仰觀劉密袒衣攘臂以取覆杯王玄之王彬之相揖而搆詞謝繹搔疥王徽之舉幅執筆而書勞夷擊杯鵲下徐豐之玩鵲遥觴華耆停杯他視曹華開卷王蘊之攘臂肆坐卞廸迎流欲觴謝禹回顧長松曹諲舒足回顧華茂袒衣執筆呂本握筆搔耳虞谷捧觴而勸他者孫嗣掀髯而態喜袁嶠之讃他文王豐之開卷誦之首有童子十人侍立者二主器者一擎瓶者二掬酒者一發盃者三受酒者一中有遣持盃者一末有童子五人捧殽者二呼盃者一縱盃者二一卷凡六十人内鳥一隻其或吟或詠或醉

或眠或俯或仰或起或坐或舞或處或躅或止曲盡其態尤有異焉皆始于一良工之胸乃有名于筆鋒之下是可奇也由斯知晉代之衣冠人情之風美有若是耶故於洪武九年秋七月記

〔明王冕詩〕東晉風流安在哉烟嵐漠漠山崔嵬衰蘭無苗土花盛長松落雪孤猿哀滿地紅陽似無主春風不獨黃鸝語當時諸子已寂寞真本蘭亭在何許欵簷老樹緣女蘿崩崖斷壁青相磨舊時觴詠行樂地今朝畫鼓瞿曇家荒林晝靜響啄木流水潺潺遶山曲遊人不來芳草多習習餘風度空谷去年載酒誦古詩今年拄杖讀古碑年年慷慨入清夢何事俯仰成傷悲故人不見天地老千古溪山爲誰好空亭回首獨凄涼山月無痕修竹少

〔陶望齡詩〕千載清真王右軍重遊今日感斯文幽蘭寂寞自流水古木蕭踈空白雲江左風流悲往昔越山辭藻見諸君酒闌莫問興亡事巷口烏衣總夕曛

〔徐渭詩〕長堤高柳帶平沙無處春來不酒家野外光風偏拂馬市門殘帖解開花新觴曲

引諸溪水舊寺巖垂幾樹茶回首永和如昨日不堪悵望晚天霞（王思任詩）碧水丹山野鳥啼松篁夾路綠陰齊孤亭寂寂園春草古寺深深隔遠溪王版飽嘗堪却肉竹床閒卧不聞鷄永和勝事皆塵跡誰向雲林一再題

嘉靖戊申郡守沈啓移蘭亭曲水於天章寺之前寺前舊有蘭亭書院置田千餘畝以供遊覽歲久侵蝕嘉靖初郡守南大吉曾修復近日皆圮至郡守沈啓又改葺焉（文徵明記）紹興郡西南二十五里蘭亭在焉郡守吳江沈侯自方出郊得其故址于荒墟榛莽中顧而嘆曰是晉王右軍修禊之地也今禊帖傳天下人知重之而勝蹟蕪廢行路嗟惜守土者敢不致意耶既三年道融物敷郡事攸理乃訪求故實稽其起廢時其贏詘以次修舉而蘭亭嗣葺焉亭所在也非故處而所謂清流激湍亦已

湮塞于是剪茀決澮尋其源而通之引其流于故址左右紆回映帶彷像其舊而甃以文石視舊加餙闢其中爲亭榱棟煇奐欄楯堅完墨渚鵞池悉還舊觀經始戊申十月成于巳酉三月不亟其工也侯於是集僚友賓客而落之以書抵余俾記其成余唯右軍始去護軍而爲會稽也其歲月不可考而開倉賑饑上疏爭吳會賦役與執政書極陳郡中弊事其于爲郡盡心焉爾矣蘭亭之會殆政成之暇歟昔人謂信乎故人和人和故政多暇余於右軍蘭亭之遊有以知當時郡人之和巳至其兩陳殷浩北伐而策其必敗告會稽王須根立勢舉而後可以有謀不然社稷之憂可立而待當時君臣漫不知省而卒皆蹈於晉之爲國迄以不競迹其所爲豈空言無實者使其得志行其所學其功烈施置當不在茂弘安石之下時不能用而歛其所爲優游于山林泉石之間至于誓墓自絕嗚呼豈其本心哉且其所謂虛談廢務浮文妨要斯言也實切當時之弊而以一死生齊彭殤爲妄誕

於斯文重致慨焉其意有可見已夫自永和抵今千數百年國有廢興人有代謝而蘭亭之名迄配斯人以傳其事又有出於泉石遊觀之外者君子於此蓋有所識矣夫游觀雖非爲郡之急而考古尚賢亦爲政者所不可廢矧蘭亭諸賢皆天下選文物雍容極一時之盛委蛇張弛古訓攸存文章翰墨所未論也然而文翰之美自茲以還亦未見的然有以過之者則夫所以掩其心志而失其實者有以哉史稱其清眞任率釣弋自娛亦言其迹云耳故余於沈侯之請特著其心之所存出于吾諸賢之上如此然則沈侯斯亭之復也豈獨遊觀爲哉是役也侯首捐俸金以倡而一時寮寀若通守蕭君奇士推官王君愼徵咸有所助二守俞君汝成最後至復相厥功于法皆得書故附著之侯名啓字子由

適南亭去縣北一十八里梅山頂上宋熙寧中郡

守程師孟築蓋取莊周大鵬圖南之義今廢陸佃記曰
會稽山川之秀甲於東南自晉以來高曠宏放之士多在於此至唐餘杭始盛而與越爭勝見于元白之稱然山川之勝殆有欝而未發者也熈寧十年給事中程公出守是邦公吏師也下車未幾政成訟清與賓客沿鑑湖上載山以尋右軍秘監之跡登望稍倦未愜公意於是有以梅山之勝告公者蓋指其地昔子眞之所居也公聞往焉初留佛刹横見湖山一面之秀以爲未造佳境也因至其上望之峯巒如列間見層出烟海相値也已而於山之高層築亭焉名之曰適南蓋取莊周大鵬圖南之義暇日領賓飲而賞焉於是闔州以爲觀美而春時無貴賤皆往又其風俗潔雅嬉遊皆乘畫舫平湖清淺晴天浮動及登是亭四眺無礙恍若登于蓬萊之上可謂奇矣雖然公之美志喜于發揚幽懿豈特賁一山而已凡此鄉人藏道畜德晦于耕隴釣瀨屠市卜肆魚鹽之間者庶幾托公之

翼搏風雲
而上矣

白樓亭去縣西三里附城常禧門外白樓堰今廢

東武亭去縣南三里二百七十步世傳塔山自東武飛來因以爲名

軒亭在府橋東宋時有樓名曰和旨以其便民飲也翟汝文爲郡時所創今廢

柯亭漢時名高遷亭去縣西三十里漢蔡邕避難於此仰見椽竹知有奇音遂取爲笛故名張騭文士傳曰蔡邕告吳人曰吾昔嘗遊會稽高遷亭見屋椽中東第十六根可以爲笛取用果有異聲今已廢爲

柯橋寺（唐胡僧詩）一宿柯亭月滿天笛亡人沒事空傳中郎在世無甄别争得名垂爾許年

兼山亭去縣治西北蕺山巔嘉靖十五年知府湯紹恩推官陳讓建以山居艮方故名

鑑湖一曲亭賀知章建在常禧門外止水庵邊

息柯亭在塔山之東阜秦山鏡湖之勝俱在其前上有千峯閣

宅

江彪宅在縣東北三里太平寰宇記云郭北有江橋即江彪所居之地

許徵士宅去縣南三里許詢之父從晉元帝過江遷會稽內史因居焉皇甫冉詩昔聞玄度宅門對會稽峯

唐少卿宅在新河坊少卿名翊宋宣和中爲鴻臚少卿連守楚泗台三州未嘗家食前後門雖具未嘗開守舍者自側戶出入少卿長子閎爲鄭州通判代還一術士善相宅至少卿宅夜登屋臥視云此宅前開門則出兩府後開門則出臺諫而所應者非本宗後建炎四年高宗駐蹕于越凡空第皆給百官寓止禮部尚書謝任伯寓此宅拜參知政事中使宣召開前門赴都堂治事上虞丞婁寅亮與唐爲姻家暫假投檢奏封章乞立嗣中旨除監察御史開後門詣臺供職其言皆驗

孔車騎宅去縣西南四里今侯山即孔愉所居地

詳見山川志

〔王右軍宅〕去縣東北五里蕺山南麓戒珠寺即其故址今右軍祠尚在寺西或云此爲羲之别業剡縣有金庭觀乃其舊宅也〔宋朱晦翁詩〕因山盛啟浮屠舍遺像仍留内史祠筆冢近應爲塔塚墨池今巳化蓮池書樓觀在人隨遠蘭渚亭存世幾移數紙黄庭誰不重退之猶笑博鵞時

〔嚴維宅〕唐太曆中維與鄭槩裴冕等六人聯句賦詩名重一時其宅去縣北十五里名長史村〔維自賦詩〕落木秦山近衡門鏡水通又云在鏡湖中未知孰是〔維夏日納涼詩〕山陰

過野客鏡裏接仙郎盥漱臨寒水褰帷入夏堂杉松交日影枕簟上湖光衮衮承嘉話清風納晚涼

〔皇甫冉秋夜宿嚴維宅詩〕昔聞元度宅門向會稽峯君住東湖下清風惟舊蹤秋深臨水月夜半隔山鐘世故多離別良宵詎可逢

〔施肩吾宅〕唐舊志言在山陰而不詳其處〔陳文惠公詩〕幽居正想飡霞客夜久月寒疎露滴千年獨隺兩三聲飛下簷前一株栢

〔王奇宅〕在縣東南槿木巷内

〔陸放翁宅〕宋寶謨閣待制陸游所居在三山之側〔自詩八首〕老寄孤村裏悠然臥曲肱筭貧先放隺嫌俗并疎僧古戍高秋笛寒窓半夜燈平生羞詭遇多獲豈無能〔又〕吾廬雖小亦佳哉新作柴門斷綠苔拄杖每闌歸隺入釣船時帶夕陽來墟烟隔

水霏霏合籬菊凌霜續續開千里佳期那可得笑呼林父共傳杯（又）天氣晴和修禊後土風淳古結繩前村村陂足分秧雨戶戶門通入郭船亭障盜消常息鼓坊場酒賤不論錢行人争看山翁醉醉枕槐根卧道邊（又）莫笑農家臘酒渾豐年留客足雞豚山重水複疑無路柳暗花明又一村簫鼓追隨村社近衣冠簡朴古風存從今若許閑乘月拄杖無時夜叩門（又）臘月風和意已春時因散步過東鄰草烟漠漠柴門裏牛跡重重野水濱多病所須唯藥物差科未動是閑人今朝佛粥更相饋更覺江村節物新（又）俠氣崢嶸蓋九州一生常耻爲人謀酒寧剩欠尋常債劍不虚施細碎讐岐路凋零白羽箭風霜破敝黑貂裘佯狂自是英豪事村市歸來醉拍牛（又）數家茅屋自成村地碓聲中晝掩門寒日欲沉滄霧合人間隨處有桃源（又）不識如何喚作愁東阡西陌且閑遊兒童共道先生醉折得黄花插滿頭

朱山人別業　朱山人不知其名越州賊退後歸別業（唐劉長卿詩）越州初罷戰江上送歸橈南渡無來客西陵自落潮空城垂故柳舊業廢春苗閭里相逢少鶯花共寂寥

書巢　宋陸游讀書處

道士莊　在鏡湖中與三山連接唐賀知章致政歸自號黃冠道士因所居故名（明夏煥詩）道士道士何許人四明狂客賀季真金龜解却飲李白長安市上酣青春乞歸送別元宗惜賢達應知罕儔匹無奈山林高尚心驅馬高車留不得鑑湖一曲剡川通好山隱映波瀜瀜詔書持賜爲臺沼一錢不必損青銅盤盤第宅連雲漢歸來乞作千秋觀偶營別業着閑身野服黃冠恒泮渙有時理棹向南汀忘機不令鷗鳥驚

有時高臥北窓下手書一部南華經種菱種藕堪給食酒醞松花配鮮鯽一任姚崇解救時從教杜老能憂國千載遺蹤尚未湮經尋每嗟當世人鬖鬖白戴頭顱雪潦倒青雲說爲貧

〔麗湖庄〕常禧門外舊有宋丞相虞允文忠肅公祠湖世爲虞氏放生池

〔西園〕在縣治後宋守蔣堂置中有曲水閣流觴亭茂林亭後人又作望湖樓飛蓋堂漾月堂流杯巖右軍祠清真軒惠風閣列翠亭華星亭春榮亭夏陰亭秋芳亭冬瑞亭逍遙亭徘徊亭修竹塢敷瑩門形勝面山負郭元以後湮圮不存今惟池尚存

〔王十朋詩〕黎明出城郭偶作西園游春淺花未郁池寒綠初抽湖山欲縱目烟靄浮不收初來典非

淺心賞殊未酬賴有三君子清談
洗牢愁更期春色濃携酒泛仙舟

〔小隱園〕在縣西南鏡湖中四面皆水宋守楊紘與賓從游故名中有勝奕忘歸湖光翠麓四亭外有鑑中倒影二亭歲久淪於湖矣〔明〕王埜詩楊公眞吏隱政暇卽湖山亭榭臨流起雲蘿陟磴攀一朝辭郡去千古惜春閑游客興懷處西風鬢易斑

〔快園〕明御史大夫五雲韓公別業有剪韭亭載郡志此其遺址也園在龍山後麓段段選勝開門見山閉牖見水地皆高畦多植桃李桑竹池廣十畝豢魚前山一帶有古松千餘顆蜿蜒離奇下有鹿

百餘頭盤旋倚徙朝𣚦夕照樹底掩映今則種山荒而麋鹿亦不遊矣

寓園去府城西南二十里中有寓山崇禎初年御史祁彪佳引水鑿池依山作亭鼎革時彪佳自沉于池而卒園有八景曰芙蓉渡曰孤峯玉女臺曰廻波嶼曰㮺坡曰試鶯舘曰即花舍曰歸雲寄曰遠山堂

福王府在縣治東北蕺山之南宋理宗封弟與芮爲福王因築府以居之今廢

〔蒲陽府〕在縣西四十里唐書云會稽有府曰蒲陽蓋唐人之兵府也久廢

〔浴龍宫〕在迎恩門西虹橋北宋理宗母全氏家理宗童時嘗浴於此橋側有會龍石尚存

〔雲壑〕在卧龍山之東嘉定中郡守汪綱剏建即宋時百花亭故址其側有清曠軒今俱廢

〔南林〕在縣南吳越春秋范蠡在越見處女出於南越王聘之問以劒戟之術

〔冬青穴〕宋義士唐珏取元僧楊璉眞伽盜發宋諸

陵骨瘞天章寺前六陵各爲一函每陵樹冬青一株以志其處（詩云）馬箠聞髐形南面欲起語野麏尚屯東何物敢盜取餘花拾飄蕩白日哀后土六合勿怪事蛻龍掛茅宇老天鑒區區千載護風雨（又）冬青花不可折涼風吹花作香雪摇摇翠蓋萬年枝上有鳳巢下龍穴君不見犬之年羊之月霹靂一聲天地裂（林景熙詩）冬青花花時一日腸九折隔江風雨清影空五月深山護微雪石根雲氣龍所藏尋常螻蟻不敢穴移來此種非人間曾識萬年觴底月蜀魂飛遶百鳥臣夜半一聲山竹裂（又）珠亡忽震蛟龍睡軒敝寧忘犬馬情親拾寒瓊出幽草四山風雨鬼神驚一抔自築珠丘土雙匣猶傳竺國經獨有春風知此意年年杜宇哭冬青（又）空山急雨洗巖花金粟堆前起暮鴉水到蘭亭更嗚咽不知眞帖落誰家喬山弓劍未成灰玉匣珠襦一夜開猶記去年寒食日天家一騎捧香來（明李東陽冬青行）高家陵孝家陵

鱗骨盡蛻龍無靈唐義士林義士野史傳疑定誰是玉魚金粟俱塵沙何須更問冬青花徽欽不返梓宮復二百年來空朽木穆陵遺骼君莫悲得葬江南一抔足（高啟詩）樓船載國沉海水金槌晝入三泉裏空中玉馬不聞嘶日落寢園秋色起魚燈夜滅隧戸開弓劍已出空幽臺髡奴暗識寶氣盡六陵松柏悲風來玉顱深注酡酥酒誤比域王月支首百年帝魂泣穹廬醉骨飲究愁不朽幸逢中國真龍飛一函雨露江南歸環珮重游故山月冬青樹死遺民非千秋誰解鋤南山世運興亡反掌間起輦谷前馬蹄散白草無人澆麥飯（按）輟耕錄所載唐珏林景熙收宋諸陵骨事年月事實前後不同有紀事四絕句唐之傳林之集中各有載其詞則大同而小異陶九成謂唐所收者諸陵骨林所收者但高孝兩朝詩中有匣字得非林之詩而傳者誤入于唐傳中者乎故今載于林之名下其冬青花歌附于唐傳者二載于林集中者一詞皆不同今則各附于二名下俾觀者有所辨也

館

北館（書苑）王右軍爲會稽守子敬出戲北館新堊上壁白凈可愛取掃帚沾泥汁中書壁爲方丈字晻曖斐亹觀者成市

南華山館在南郭龜山之南明張太僕天復别墅堂名遂初其子鼎元元忭構一小閣名之曰覲疇以地居南村故勒陶靖節南村三詩置座間每與王龍溪朱金庭羅康洲諸南明徐文長嘯咏流連世傳久遠樹皆拱抱其曾孫陛更加恢擴林麓空明川巖開滌晴雨烟雲出沒環翠如畫凡四方名

公鉅卿舟車至越者必遊憩其中武林黄貞父題其亭曰賞奇太倉吳梅村題其園曰秋水雲間李存我題其齋曰素心嘉禾曹秋岳題其居曰適志溪山滿目座多名流實爲園亭勝事

井

烏龍井在縣治内臥龍山巔水甚冽宋淳祐間趙與傑浚

琵琶井

鰻井在寶林山上舊傳有靈鰻出入井中正德間井尚有泉今涸宋林景熙詩雲根藏海眼靈物此中蟠沫吐晴巖雨陰飛夏木寒何

年化龍去半日待潮看消長從誰問微吟依石闌

〔墨客揮犀云〕越州應天寺鰻井在盤石上其高數丈井纔方數寸乃一石竅鰻時出遊人取之置懷袖間了無驚猜如鰻而有鱗兩耳甚大尾有兩迹相傳黄巢嘗以劍刺之凡鰻出遊越中必有水旱疫癘之災鄉人嘗以此候之〔華鎮考古云〕飛來山下石井大如盆盂無耗溢有二鰻文采煥爛世言下徹滄海好事者以絲綫懸錢探之極兩絙不得其所止

蛟井舊傳井有三蛟今人以爲温泉鄉銅井即是

梅福丹井去縣北十許里梅山上世傳梅福煉丹於此故名〔元吳騆詩〕團團石甃冷蒼苔仙客雲遊竟不來寂寞斜陽巖壑底藥爐丹竈盡塵埃

陸太傅丹井去縣西北八里靈芝鄉法雲寺前少東太傅昔以直集賢院守鄉邦晚謝事居寺東曾墟故廬辟穀煉丹專汲此井十餘年容髮不衰丹巳八轉忽變化飛去太傅乃洗爐鉢水飲之數日無疾而逝

浮丘公丹井去縣西一百二十里天樂鄉世傳浮丘公煉丹於此丹成仙去故名

何公井在雲門山西世傳梁何胤所居故名

方井在臥龍山足今名臥龍泉

泉〔劉家井〕龍潛其中泉甘不竭汲濟一方去縣西三十一里迎恩小步村

泉〔清白泉〕在府治内清白堂側范文正公記西巖下獲廢井泉甘而色白淵然丈餘引不可竭

〔三汲泉〕在龍山麓泉甚淺不過有水數斗然汲盡已復滿未嘗竭也

〔半月泉〕在法華山巔天衣寺側泉隱巖下雖月圓時但見半月最爲佳勝〔唐李公垂詩〕嵌湧全身塔池開半月泉紹興初僧法聰鑿開巖石易名滿月

〔子眞泉〕在梅山本覺寺上泉味甘寒康博士布嘗

爲書子眞泉三大字〔笠澤漁父銘曰〕梅公之去漢猶鴟夷子之去越也變姓名棄妻子舟車所逼何所不閱彼吳市門人偶傳之而作吏者因著其說倘信吳市而疑斯山不幾乎執一而廢百梅公之去如懷安于一方則是以頸血丹莽之斧鉞也山麓之泉甘寒澄徹珠琲玉雪與子徘徊酌泉飲之亦足以盡公之高而歎其決也

〔玉帶泉〕在琵琶山陽和嶺下泉止一洼特有孤松盤結其上味甘而冽色微白故名玉帶或謂陽和嶺上爲張陽和祖墓既誕生陽和宜即名之陽和泉亦猶孤山泉東坡名之六一云

〔斑竹庵泉〕庵在婁公埠之下味清冽其色如霜空

秋月井口有字剔視之是禊泉二字書法大似右軍

純陽泉在上方山坡下去城西北三十五里上有純陽庵下有龍王堂平地出泉水味甚冽

石

磨鏡石會稽志云在鏡湖邊世傳爲軒轅磨鏡石石畔光潔不生蔓草

磨針石在法華山舊傳曇翼誦經山中久無所得乃下山逢嫗磨針於石上遂感悟還入山修業

松化石道人馬自然古蹟也石堅而滑有二段高

四五尺大一圍係松木所化鱗皮紋理仍復如松
今在會元董玘宅中

塘驛

富中大塘越絕云勾踐治以爲義田致肥饒故謂之富十道志云勾踐以田肥美故富中都文選吳都賦富中之甿貨殖之選舊經云富中里是也

古塘去縣西南二十五里晉大康謝輶築明蕭鳴鳳詩古塘環謝塢雲烟有深藏魚沿曲溪下鳥沒青天上想當虞夏初民疎土材曠中鄉饒稼穡儲湖度高亢象耕事已誕營居跡猶壯揭來齒髮稠山川日鐫錫衣冠出林麓禾黍入深障拙巧何太殊淳澆永相望撫事懷夙昔乾坤一惆悵

抱姑塘去縣西五十二里上連鏡湖下接小江世傳塘茢始之時隨築隨潰一老嫗苦之赴水死其婦痛之亦赴水抱姑屍而出於水中其塘遂成故名

吳塘去縣西三十五里越絕云勾踐已滅吳使人築塘東西各十步名吳塘

苦竹驛去縣二十九里迎恩鄉有苦竹城在唐時爲驛今廢

器物

石船石帆鐵履鐵屐郡國志塗山有石船長一丈云禹所乘者十道四蕃志聖

姑從海中乘石舟張石兜帆至此遂立廟廟中有石船船側拾得鐵履一雙〔寰宇記〕宋元嘉中有人於石船側掘得鐵屐一雙〔會稽記〕東海聖姑乘石船張石帆至二物見在廟中蓋江北禹廟也

驅山鐸　唐人於越溪獲鐸以問僧一行一行荅云此秦始皇驅山鐸也

椽笛　蔡邕避難江南宿于柯亭之館以竹爲椽邕仰盼之曰良竹也取以爲笛音聲獨絕歷代傳之〔文士傳〕云是東第十六根〔伏滔長笛賦〕桓子野吹長笛卽此

李舟笛　〔國史補〕李舟好事嘗得村舍烟竹截爲笛堅如鐵石以遺李謩謩吹笛稱天下第一

神女墨　漢王朗爲會稽太守其子肅隨在郡任東

齋中夜有女子從地中出自稱越王女與肅語晝
夕將曉辭别贈墨一丸是時肅方注周易多有疑
滯思用此墨便覺才思開斂

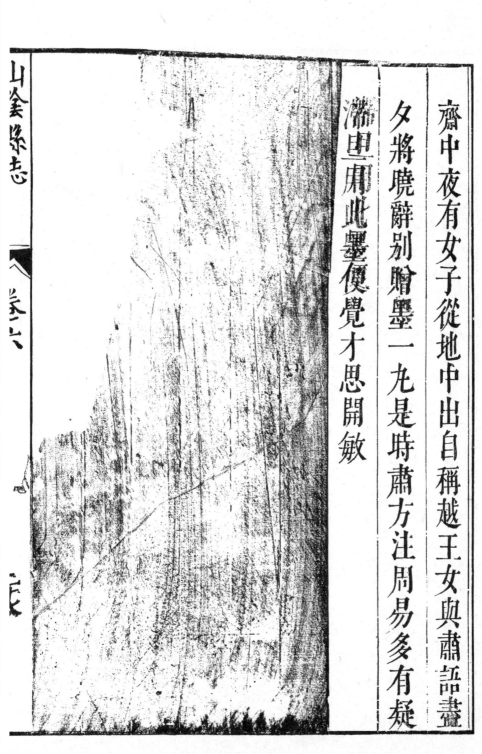

禹陵圖

天禹陵

考白鷺

天禹寺

禹池

古蹟志圖

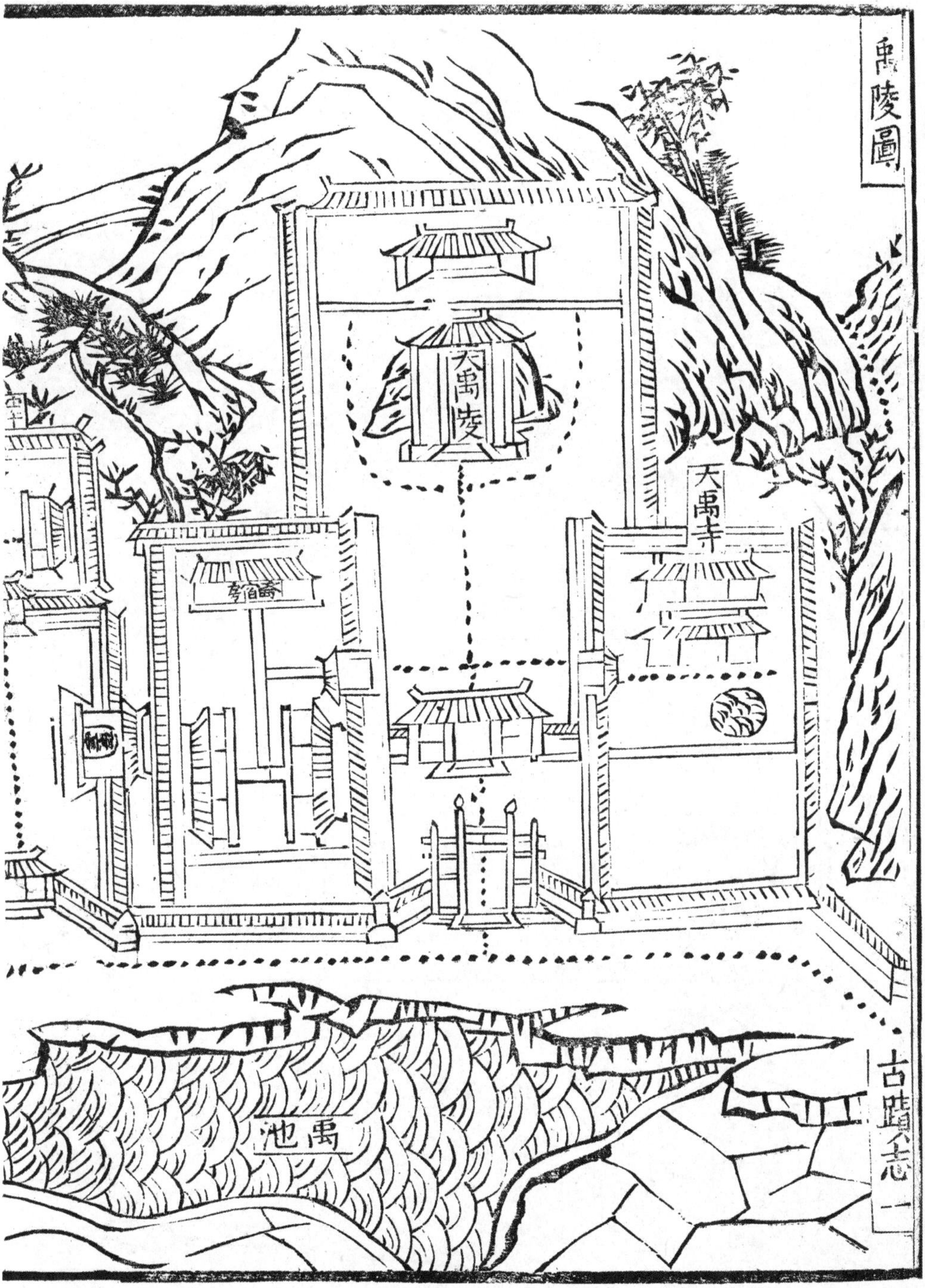

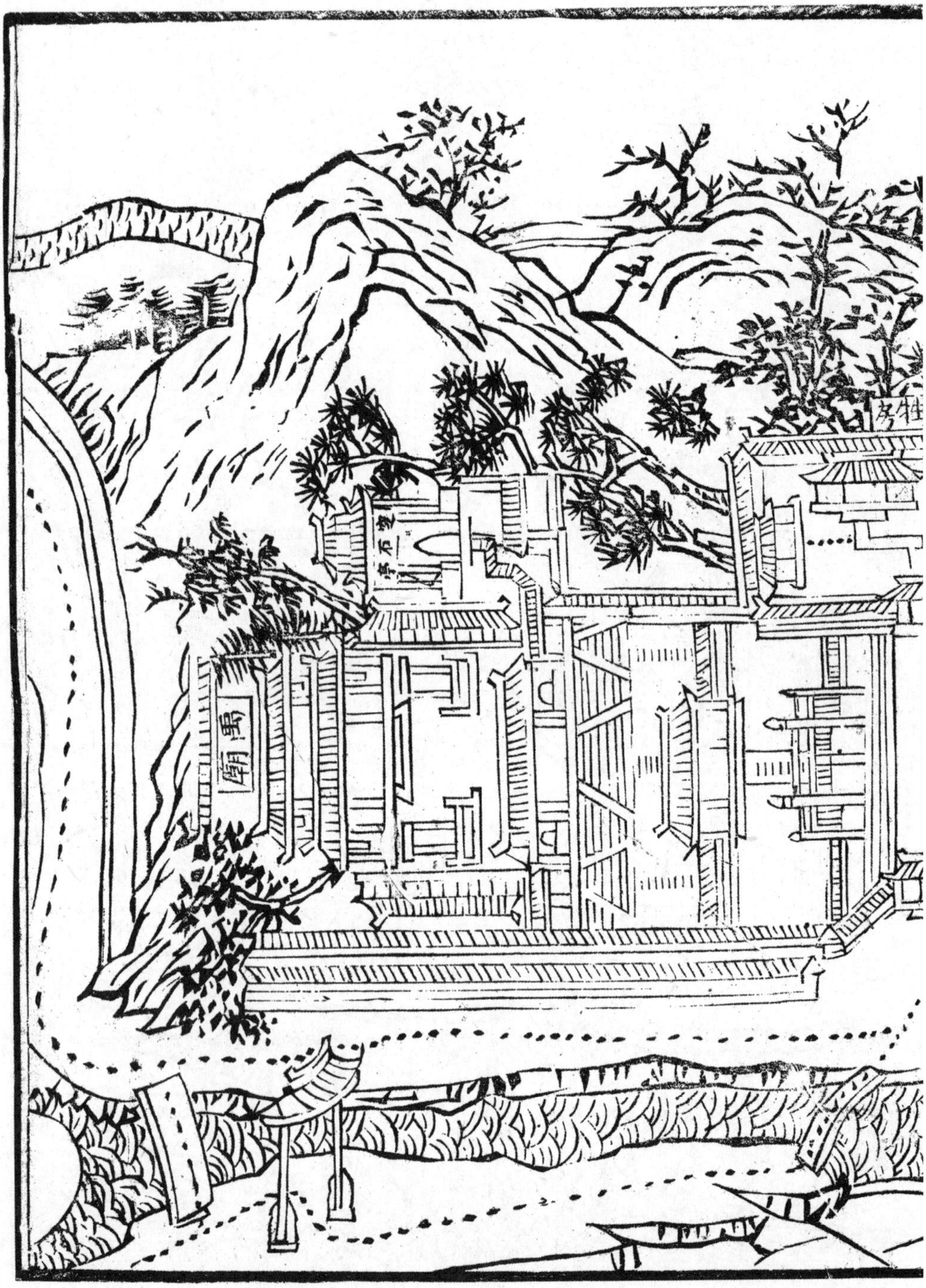
牲房

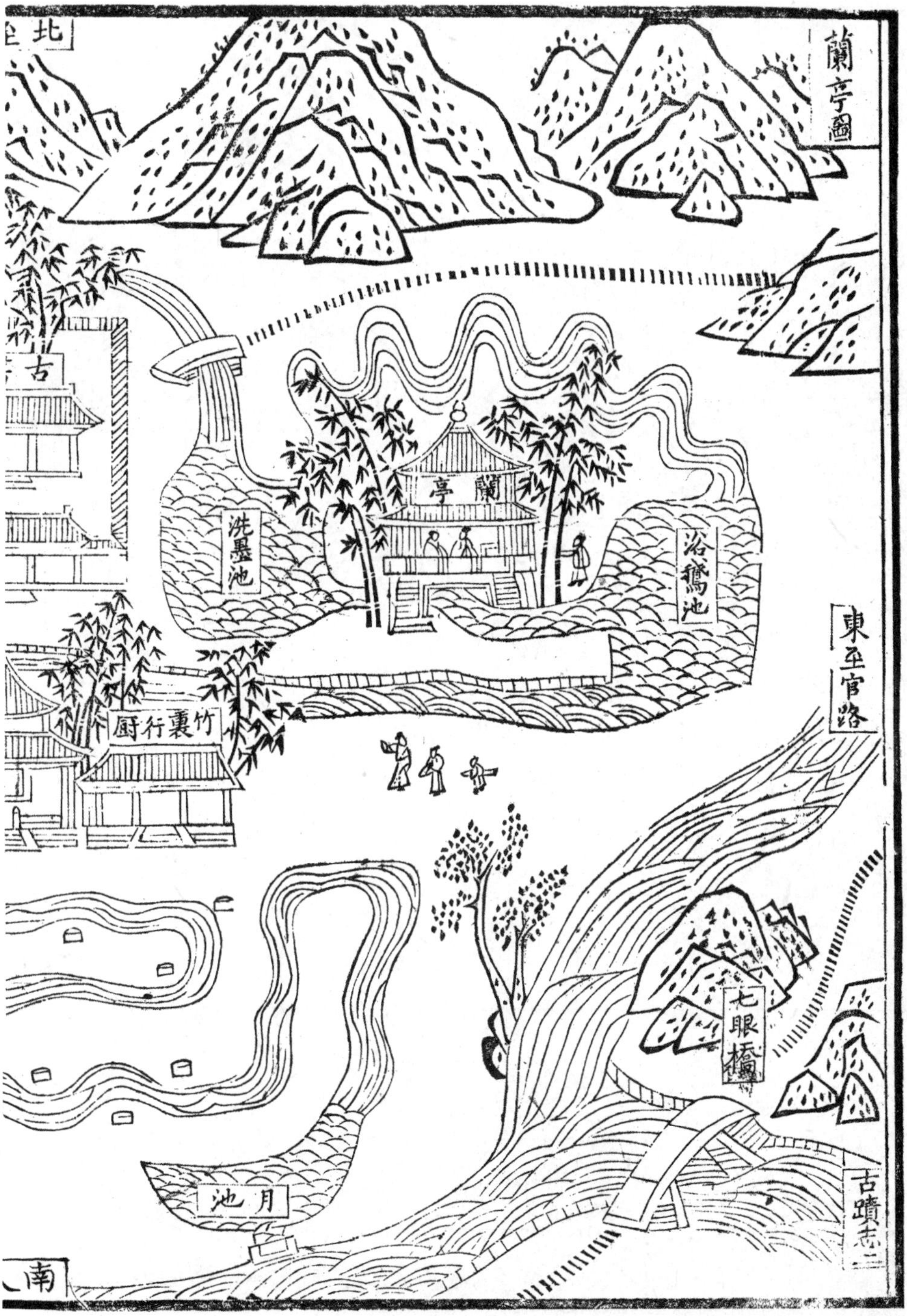
蘭亭圖
北
古
蘭亭
洗墨池
浴鵝池
東至官路
竹裏行厨
七眼橋
月池
南
古蹟志

至山
天章寺
遊騁小憩
書院
西至山
蘭亭古跡
寺橋
錫杖山
水溪

山陰縣志卷第七

物產志

穀　蔬　菓　木　竹　花　草　藥　水產

禽　獸　器　貨

山陰土田維下其壤沃百穀蕃蕪山珍海錯利周遐邇生民所需不可無紀作物產志

補物產夥矣惟穀爲重越人素知力田而逐末者反得以傲之豈水旱之爲灾歟上不修救而俗之奢靡復耗其半語曰巧者有餘拙者不足物產其

可恃而不可恃乎

穀

蚕稻六月蚕熟紫口甲嘴微紫粒細朝稊俗謂之老了烏麄稈細稈細

珠蚕白黏晚白黏越人謂芒爲黏料水白歲遇甚潦輙能長出水上烏

鄉來實類餘杭白而色稍青鵝腳黃穗低而葉卬健腳青熟時莖挺而色

猶青早黃黏餘杭白粒圓白俗傳種自餘杭來故名稚蒙粒麄而黏最短以上

俱秔類

雪裏青江西稻矮宜興椎糯青稈糯水鮮糯八月早熟

羊鬚糯臙脂糯紅糯其芒赤共實較他種稍重矮方巾早熟而殼薄

黃殼糯早熟以上俱秫類宜釀

大麥廣雅曰麰也立夏前熟　小麥廣雅曰稑也　蕎麥三稜而赤七月種九月熟

粳粟　糯粟　木粟稈尖幾徑寸苗如蘆高丈餘粒比粟殊大皮黑性黏　乳粟粒大如鷄豆色白味甘俗曰遇粟　狗尾粟粒細如芥子　穄粟稷也越人以稷謂穄偶植之不以供飡

赤豆　綠豆　毛豆即白豆莢毛故俗呼毛豆　白扁豆粒黑者曰白眼豆莢長而尖者曰羊角豆八月熟　羅漢豆蠶月熟故又名蠶豆　虎爪豆粒斑而大九月熟

茳豆莢長尺餘最長而軟者俗名裙帶豆其莢短者曰短茳四五月熟莢可蒸食　刀豆莢厚形似刀　細蠶豆四月熟　青豆　黑豆　黃豆　白豆

蔬

白菜 青菜 萊菔俗呼謂蘿蔔即蔓菁也 油菜 芥菜 甜菜有冬夏二種 苦菜 蒿蕖 菠薐 薺菜 薹菜 環菜皀白如環一曰水晶菜 蒿菜味辛不可多食 胡荽有種不多藝 芹菜一名水英古志云産白馬山者佳 莧菜有紅紫白三種紅者名馬齒莧

王瓜四五月熟 青瓜 西瓜 東瓜 金瓜 甜瓜 絲瓜 冬瓜 香瓜 鵝子瓜俱六七月熟 南瓜種自吳中來一名飯瓜言食之易飽也述異志曰越有五色瓜王龜齡風俗賦曰賀瓜蒲區 蜜筒瓜梁庾信詩美酒含蘭氣甘瓜開蜜筒 茄又名落蘇 瓠四月熟至六月不食 芋俗呼芋芳宐水者曰水芋宜陸者曰旱芋又名蹲鴟 笋

猫笋花笋箭笋三品絕佳冬月取猫笋萌土中者曰蕈笋尤爲土產之最**蕨**爾雅曰蕨蘩初生無葉可食生山谷間其根爲粉可當麪食**薑****山藥**有紅白二種又有佛手山藥狀如薑**胡蘆**蒲屬味苦**薯蕷**色紅山中出**胡蒜**味辛苗亦可食**蓴**葉如荇菜而紫莖大幾如箸葉底明如水晶柔滑可羹陸機曰千里蓴羹是也湖中偶有不及蕭山**茭白**嘉泰志云今謂之茭首白如藕而鮮味美異常本草名菰首**荇**水菜**辣茄**紅色狀如菱可以代椒**芰**

韭**薤****蒜****紅蘿蔔**

菓

楊梅會稽志曰楊梅品之最佳者曰官長梅色紫實大核小出項里越人多漬以糖或鹽以案酒**梅**郡志曰昌安梅最盛實大而美項里容山又多出古梅王十朋風俗賦云鴛梅並蔕蓋越

中又有千葉鴛鴦梅【李】郡志曰越有黄蠟李麥熟李迎瓜李皺李白淡李紫茄李胭脂李夫人李

【枇杷】【桃】六月熟者曰夏桃七月熟者曰秋桃郡志曰桃之品不一湖南之大緋紅桃最佳又云鏡湖之西彌望連岡接嶺映山照水如雲霞恍然異境

【梨】郡志云越人呼爲梨頭如木柵之馮家梨映日紅破塘之清消梨蓋最佳云

【棗】越人呼鮮棗謂白蒲棗牛頭山江塘所產者最佳

【香團】似柚而小者名香團

【橘】杜荀鶴送人游越詩云有園皆種橘無渚不生蓮小者名金橘又名金豆

【菱】一名芰屈到嗜芰即此是也越人謂小者爲刺菱巨者爲大菱四角者爲沙角菱產莫盛於山陰每歲八月菱舟環集鑑湖中王翰詩曰不知湖上菱歌女幾個春舟在若耶王十朋風俗賦曰有菱歌兮聲峭又四角爲芰二角爲菱

【蓮子】【芡】俗謂之雞頭舊志云山陰梅墅雞頭最盛

【藕】六七月間最佳俗謂之花下藕

【杏】嘉泰志越人謂鴨腳子[illegible]杏而謂杏曰杏梅五月熟

者名金杏銀杏一名白菓柑有二種小者曰金柑橙味酸祇可漬糖食之又有甜者曰甜橙宋梅聖俞詩越虀橙熟久楚飯稻春初柚列子吳越有木曰櫾皮青實丹而味酸形類香圓而大但不香耳爾雅音義曰櫾亦作柚葡萄一曰蒲陶有漿水瑪瑙二種寶慶續志云越中間有碧蒲陶王十朋詩珠帳纍纍掛龍鬚慢慢抽從渠能美釀不要博涼州栗本草曰生山陰陶隱居曰會稽最豐石榴越人呼爲金厖蓋避錢鏐諱云落花生本閩粵之種今始有之柰漢武內傳會稽有菓名棎亦柰屬也其佳品曰馬面棎林檎與柰相似但差小王右軍帖中所謂來禽是也櫻桃有大小二種宋李易詩豆角嘗新小麥秀來禽長向櫻桃肥榧子有麤細二種梧桐子櫧子山查土人謂之山裏菓有青紅二種木瓜陶隱居曰山陰蘭亭尤多形似梨而貯盤中一室皆香不可食藥材中又一種最療轉筋患相傳呼

其名或作木瓜書患處皆愈**葶薺**一名地栗**苦櫧**十月熟味苦同豆食則甘**茨菰**王十朋會稽三賦云土實則有鳬茈茨菰

木

松嘉泰志卧龍及蕺山頂有古松禹陵松最老年久有不可攷者**栢**有渾側二種有若手掌者名手掌栢**檜**栢葉松身平泉草木記木之美者會稽之檜**桐**謝車騎所居桐梓森聳其類有四一日青桐枝葉俱青無子一日梧桐皮白葉青有子一日白桐有花與子其花三月開黃紫色一日岡桐似白桐而無子相傳云白桐岡桐宜作琴瑟**梓**十道志越中多生豫章樹舟風雨聞鐘鼓聲則生豫章即梓也春秋時吳王好宮室越王使工人入山伐木天與大木一雙可二十圍陽爲梓陰爲楩楠**桑柘**葉可喂蠶其木文理縝容黃色可愛堪爲器具**櫟**水經注謝靈運與惠連聯

句刻孤潭櫟側檀性堅密可爲車宋南渡初製五輅俱以檀爲軸楝有花詩人常道之宋梅聖俞詩紫絲暈粉綴鮮花綠羅布葉攢飛霞楮說文穀也陸璣草木疏江南以楮搗紙柞漢五柞宮即此木其葉可以喂蠶離城西北三十里有柞林村樟酉陽雜俎江南以樟爲船宋張嵲詩白水汪汪蒲稻畦樟花零落徧前溪檫音察宜作檻櫧土人用作器榧平泉草木記木之奇者稽山之榧作几至滑淨王右軍最愛之皂莢一日昇仙木劉樊於此昇仙宋孫應時詩劉樊蟬蛻此登仙老木當時直挿天玉骨半枯猶秀潤蒼苔新長更榮鮮相思木平泉草木記得稽山之相思木述異記戰國時魏有民戍秦其妻思之而卒其塚上生木枝葉皆向夫所故稱相思木有文可作器椶櫚十道志會稽椶山黃楊本無大者榆柳楊槐烏柏採實以爲油冬青其實即女貞子楓槿有花可以編籬杉朴俗曰沙朴椐

俗曰黃栟作器最佳桂椿油樹堅實可作器杞檉俗名西河柳樗皮可爲藥娑婆樹種出外國今在大善能仁寺者爲最高可五丈冬落葉其實療胃疼廣東肥皂高大長青植府城隍廟

竹

箭竹幹直可以爲矢所謂會稽竹箭是也貓竹幹大而厚異衆竹越人取以爲筏筍味甚佳冬月未出土時俗呼爲蕈筍味尤雋爽石竹苦竹筍味苦有黃苦青苦白苦紫苦四種幹細而直可以爲筆圖經曰越出筆管是也淡竹可煑以爲紙筋竹性韌可作筏亦堪織簟西京雜誌曰會稽貢竹簟號流黃簟莢竹幹細而直可煑以爲紙箹竹即筆竹筍味甘有早晚二種水竹慈竹小而容土人多植之以當籬冬月筍生竹外繞其母

故又名孝竹一名王祥竹又名桃枝竹

斑竹 述異志云越中有顧家斑竹用以作牀椅及他器甚清雅

紫竹

龍鬚竹 長而秀節疎

鳳尾竹 葉尖而小亦慈竹別種

角竹 節高而疎笋味淡有斑色

公孫竹

方竹

觀音竹

天竹

篆刀竹 出越王嶂上節橫錯相間歐塊祖師遺蹟也

燕竹

花

梅 嘉泰志云項里容山直步等地梅尤奇古可愛老幹奇怪綠蘚封枝疎花點綴其上天矯如畫葢非凡物也宋俞亨宗詩疎疎瘦蕋含清馥矯矯虬枝綴碧苔𩯭是髯龍離雪殿蒼鱗遙駕玉妃來陸游觀梅詩凌厲氷霜節愈堅人間乃有此癯仙坐收國士無雙價獨出東皇太乙前此去幽尋應盡日向來別恨動經年花中竟是誰流輩欲許芳蘭恐未然

蠟梅 越中自宋時始有日狗蠅

曰荷花曰磬口最佳謂之辰州本（宋徐師州詩）江南舊時無蠟梅只是梅花臘月開（陸游詩）與梅同譜又同時我爲評香似更奇痛飲便㩧千日醉清狂頓減十年衰色疑初割蜂脾客影欲評欺鶴膝枝揷向寶壺猶未稱合將金屋貯幽姿（鴛鴦梅）雙頭千葉（牡丹）吳越時最盛錢傳瓘爲會稽喜栽植牡丹甚盛若萊畦成叢列樹者顔色葩芳率皆絶異人號爲花精今之盛者止十餘本惟賓舍錢家牡丹高二丈餘莖如腕花嘗數百朶實不多得（歐陽公花品曰牡丹南出越州）宋僧仲林序越之所好尚惟牡丹其絶麗者三十二種來賞者不問親疏謂之看花局澤國此月多輕雲微雨謂之養花天（俚詞曰）彈琴種花陪酒陪茶（僧仲皎詩）玉稜金線曉粧寒妙入天工不可千老夫只知空境界淺紅深綠夢中看（綫串牡丹）（篆枝牡丹）皆草本（杜鵑花）以三月杜鵑鳴時開一名映山紅鄭蹈郡齋有杜鵑樓天衣寺雲門寺皆有之宋太祖太宗眞宗遺

寄之時花枯瘦三載乃復（宋僧詩）蠶老麥黃三月天青山處處有啼鵑斷崖幾樹深如血照水晴光煖欲然三歎鶴林成夢寐前生閬苑覔神仙小山桂頰愁無奈又怕聲聲聒夜眠（僧仲皎詩）繁英歷歷爍晴空過了花間幾信風明日畫闌供徙倚却須有句到芳叢

山茶花 有緋白二種十二月開（嘉泰志）昌安朱通直莊有一樹高三四丈（草木記云）稽山之貞同其花鮮紅可愛而且耐久

寶珠茶　滇茶　白苓茶 此三種最佳

石榴花 一名海榴（嘉泰志）李義山（詩）山榴海柏枝相交恐海榴又一種也唐宋之間有玩郡齋海榴詩載舊郡志

海棠 平泉草木（記）木之奇者會稽之海棠曰鐵幹海棠曰西府海棠曰垂絲海棠曰菱零海棠其草本又有秋海棠

木樨 白曰銀桂紅曰丹桂黃曰金桂（唐李裕贈陳侍郎江桂詩云）欲求塵外物此樹是瑤林後素合餘縚如丹見本心妍姿無點綴芳意託幽深願以解葩色淩霜照碧潯公自註此樹白花吐紅

心

四季桂　唐白居易詩有木名丹桂四時常馥馥橐據詩芳林挻芳幹一歲三四花

木芙蓉　平泉草木記會稽之百葉木芙蓉

碧桃　李光曰五里桃花色白而多葉跗萼皆碧

唐張說詩曰他日問天三十六碧桃花發共師遊

緋桃　嘉泰志一色千葉花皆不實一名絳桃

李花　嘉泰志云鏡湖之西如花徑容山諸處迺岡接嶺皆桃李畧無雜木

杏花　宋盧天驥詩山杏枝頭鵯鵊兒來傳春意語多時王銍詩玉人半醉點豐肌何待武陵花下迷記得鞦韆歸後約黃昏新月粉墻低又詩醉裡餘香夢裡雲又隨風雨去紛紛人間春色知多少莫掃殘花斷盡魂

荼蘼　有紅白黃三種黃者可愛王十朋荼蘼詩日烘香偕遠雨浥韻尤清

薔薇　有紅白黃三種平泉草木記稽山之重臺薔薇會稽之百葉薔薇

梔子花　陶貞白言梔子剪花六出刻房七道芬香特甚即西域薝蔔也越中生谷者曰山梔生水涯者曰水梔六月尤盛

石

楠花二月開冬時葉尤可愛俗云大見之則懼故多植於墓傍祖詠詩不知疊嶂夜來雨清曉石楠花亂流

瑞香花有以瑞爲睡

木蘭吳蜿鎮東監軍使院記大厦前木蘭特異越中稱爲一絕

凌霄花其蔓依木直上山陰最多有一歲三著花者唐元稹詩寒竹秋雨重淩霄曉花落

木筆花花蕋似筆一名辛夷

紫薇紫荊一名百日紅

木槿

山丹色紅葉如百合

芍藥有紅白二種山陰所植其花有過尺圍者宋李易詩斑竹筍行三畝地紅藥花開一尺圍

蘭花越絕書勾踐種蘭于蘭渚山王右軍蘭亭是也種甚多以素蘭爲重

蕙一名九節蘭香亞于蘭

菊古作鞠字嘉泰志昌安門內朱通直莊有佳菊數十種備極花譜矣

水仙宋元祐間始盛一種曰金盞銀臺

蜀葵小者曰錦葵秋生者曰秋葵

鳳僊花有五色其白者收其子爲藥可治目最痛者搗汁塗之立愈

鷄冠有五色有

一本而五色備者**萱花**一名鹿葱花毛詩作諼草與萱同**洛陽花**弄色異彩無窮

芭蕉**石竹****玉簪****剪春羅****午時花**午時開子時落**長春花**一名月月紅**罌粟花**一名米囊有千葉单葉**金絲花****荷花**一名芙蕖說文其花芙蓉其秀菡萏鑑湖及若耶最盛嘉泰志曰山陰荷花最盛紅白青三種外有並頭蓮朱太守祠前後十餘里皆荷花李太白詩鏡湖三百里菡萏發荷花又荷花鏡裏香又採蓮曲若耶溪畔採蓮女笑隔荷花向人語日照新粧水底明風飄香袂空中舉岸上誰家遊冶郎三三五五映垂楊紫騮嘶入落花去對此躊躕空斷腸**木香花**有紅白二種**粉團花**色白以數十朵結一團故名**僧鞋菊**色如茄花形如鞋**波斯菊**有黃白二種蔓最長春夏秋俱開**珍珠蘭**明末始有**玉蘭****茉莉****撒秧花**俱紅色插茁時盛**十姊妹**

花（淺深相間）　蝴蝶花

草

蓆草（越人取以爲蓆）　莎草（釋草云臺夫須可以爲笠又可以爲蓑蔓生江邊）　荇蘋

藻　菖蒲（葉有脊如劍謂之鴈蕩蒲俗名虎鬚菖蒲生石上節稀密）　蘆荻　茗　蕺（戒珠山所產最多蔓生莖紫赤色吳越春秋云越王嗜蕺嘗採以食之今邑歲凶民斵其根食之諺云豐年嫌我臭荒年賴我救）

三白草（出鏡湖澤畔初生不白入夏三葉白苗畢秀矣葉端方白農人候之以蒔田）

藍苔　澱（卽白芷）　芸（卽七里香葉類豌豆其花極芬香經秋葉間微白如粉汙辟蠹殊驗）

恒春草（鄉人名爲千年潤唐梁鍾進詩金膏徒騁壽石髓莫矜良倘使露涓滴還留不死方）

鼓椎草　旱蓮草　馬鞭草　馬鬚草　魚腥草

鴨跖草　萍 一名蓱，無根而浮，常與水平，越人謂之薸，言飄流無定也。世說：楊花入水化爲浮萍。又一種紫而長曰蜈蚣藻。　石菖蒲 陶貞白言眞菖蒲古人謂之蘭蓀，又有生於水者曰溪蓀，如蒲而無脊。　蓼 生水澤間。吳越春秋：越王志復吳仇，臥則攻之以蓼。　大蓼 一名馬蓼，莖大而赤，生水中，高丈餘。　烟 一名相思草，吸之能醉，向惟閩中石馬有之，今山陰亦盛。

藥

餘糧 即禹餘糧，土人呼爲茇艮，產山谷間，服之令人不饑，療瘋疾毒瘡，其功甚速，山民遇歉歲取而食之。　半夏　香附 本草又謂之莎草。　芍藥　蒼朮　紅花　茴香　五味子　瓜蔞　紫蘇　山查　南星　白合　薄荷　梔子　車前子　蔓荊子　金櫻子　白朮 本草曰生杭越諸州。　唐梨　薏米　青蒿　茵

陳丁香茯苓何首烏千里光金銀花天花粉山藥

枸杞子劉寄奴生山間本草曰華子注云治心腹痛止霍亂鄉人煮飲之多効驗

馬兜零本草日華子注云越州七八月採益母草燈草穿山甲蝟

枳實陳皮黃連梔子仁甘菊桑黃蟬蛻鹿角虎骨

兎絲女貞子龜板鱉甲薏苡仁豨薟青箱子即白雞冠花子

側栢葉艾茅根槐角蒲公英紫花地丁金線重

樓生薑花椒白芥子夏枯草

水產

鯉郡志云越人謂鯉之小者爲鯉花鱸之小者謂鱸鼓鯽之小者爲鯽核鯽鱸八月鱸始

肥張翰八月思江東鱸是也 鮎 鯶 鱨 土人謂之黃鱨亦謂之白條魚 鱖 銀魚 鰦 鰻 大者爲箭鰻八月最肥俗呼爲風鰻 鱔 土人夏至以後始食入秋則不食 鰱 土人呼白鱗者爲白鰱赤鱗者爲紅鰱 鰍 蟹 小者爲蟛蠘大者爲黃甲產三江海涯又有紫蠏產上河其味尤冠絕 酉陽雜俎 曰八月蠏腹有稻芒長寸許向東輸與海神未輸芒不可食 鰕 蟶 產三江海涯 鰻線 鰻之初生者數寸瑩白如線產三江惟清明後十日有之味美鮮 雞冠 蚌屬重者可二十餘斤中常有珠出獱猭湖 鱧 龜

禽

鷓鴣 郡志 云鷓鴣自呼其名常向日而飛飛數隨月山間頗多 李白越王臺詩 只今惟有鷓鴣飛 戴勝 越人云降桑遇金日土穀賤月令所謂戴勝降于桑蓋三月始出也 鴉 有別種土

人呼爲寒鴉歲十月自西北來其陣蔽天及春中乃去〔秦太虛樂府云〕寒鴉千萬點流水繞孤村不至越者不知也

鶻鴰鸛鷄鵝 王羲子居蕺性愛鵝有老母養一鵝善鳴求市未得遂携親故以就觀焉

鴨 〔禮記疏〕曰野鴨曰家鴨曰鳧曰鶩〔唐陸龜蒙〕有鬬鴨一欄龜蒙曰此鴨能作人語〔王十朋風俗賦〕曰能言之鶩

鵲 〔淮南子〕鵲巢向太乙〔鄭箋〕鵲巢冬至架之至春乃成越人呼爲喜鵲至秋而髡相傳駕牛女而伐其羽云

鶻鳩 〔釋鳥〕鶻鳩鶻鵃一名鳴鳩一名鷽鳩短尾青黑色似山鵲而小

斑鳩 項有繡紋性拙不能爲巢歐陽公所謂常在人家屋瓦者是也

鵓鳩 灰色無項繡陰則屏逐其匹晴則呼之語曰天將雨鳩逐婦

爽鳩 鷹也至二月則化爲布穀

杜鵑 一名子規越人謂之謝豹

烏 孝烏也越王入國有丹烏夾王而飛起望烏臺以紀其瑞又張覇爲會稽太守一郡皆化語曰城上烏鳴哺父母府中諸吏皆孝友

鶯 即倉庚一名黃鸝〔詩

又謂之黃鳥
鶻鵃雅舅也一曰鳥舅宋胡鶴詩二月辛夷猶未落五更鳥舅最先啼
燕
鸛鴿土人呼爲雪姑鳴則必雪
斲木口如錐啄木食虫
黃雀自露來霜降去
畫眉善鳴
鷳白羽紅冠唐項詩更望會稽何處是泑連竹箭白鷳羣
雉
鶉鵪
桑扈
百舌
鸜鵒一名八哥
練雀
竹雞
黃頭
白頭公
鸚䳇一名淘河一名洿澤越中不常有有則大水
鷺鷥頂上有絲
鸕鷀漁鳥
鷗
鸂鶒
鴛鴦
鸍鳧即野鴨

獸

牛一曰黃牛二曰水牛嘉泰志中州烊湩取酪酥以淮酥爲冠而越中尤佳凝厚者曰乳餅
猪食五穀之秕不野放故特肥美
豪猪
野猪重二三百斤
鹿卧龍山舊有三五十頭禁

捕明末無有存者今諸山皆有遇雪則多

鹿 孔曄記越中有三足白鹿

羊 順治初有三足羊人不敢食前二足全後右邊一足拳于江橋張神祠

虎 **犬** **竹狗** **貓** **鼠** **栗鼠** **松鼠** **鼷鼠** 一名甘鼠唐陸淳曰會稽有小鼠能噬牛纔傷皮膚無有不死者左傳曰鼷鼠食郊牛信然

猿 山家謂之鞠猴

兎 **狐** **牛尾貍** **馬** **驢** **騾** **獺** 記曰獺祭魚平時好食魚春初取鯉於水裔四方陳設之進而弗食故謂之祭魚山陰澤居者時多見之

黃鼠狼 **豺狗** **柿貍** **九節貍** **玉面貍** 味最甘美明初以此作貢

虫

蠶 陽物也惡水蠶書飼蠶勿用雨露溼葉淮南子曰蠶食而不飲周禮禁原蠶蓋言再蠶桑敗而馬耗也

蟬 淮南子曰蟬飲而不食

蜂 一名蠟蜂釀蜜知衛其主一名黃蜂有雄而無雌

蛺蝶 粉翅有鬚，一名蝴蝶，木葉所化，有黃紫斑點之異。**螢** 月令腐艸化爲螢，螢一名熠燿，一名挾火，越人謂入室則有客。一說熠燿行虫，非螢也。**尺蠖** **蝸牛** **蚱蜢** **莎雞** **螻蛄** **蜈蚣** **蝘蜓** **蜻蜓** **蛭** **蟋蟀** **蜣蜋**

器

弓 習是業者四五家。**箭** 爾雅東南之美則有會稽之竹箭。蓋越中有竹名爲竹箭，宜爲矢。自漢以來併謂矢爲箭。雖用栝用楛，亦呼爲箭。**簟** 西京雜記會稽貢黃簟，今無。**竹夫人** 一名青奴。宋李公甫蘄春縣君祝氏封魏國夫人制：常居大夏之間，多爲凉德之助；剖心析肝，陳數條之風色；自頂至踵，無一節之瑕疵。黃庭堅詩：穠李四絃風拂席，昭華三弄月侵牀。我無紅袖堪娛夜，止要青奴一味凉。**竹扇** **蒲扇** **草薦** **茗帚** **茶盌** 陸羽茶經：盌以越州爲上。

今無

秘色器 相傳錢氏有國日越州燒進爲供奉之物臣庶不得用之故名今無

紗燈

掌扇 **紈扇** **火熜**

貨

鹽 三江錢清二塲鹽利甚溥商販畢集國稅所需按煎鹽之法海潮每至沃沙曬之見沙白用鐵刀刮鹻聚而苦之乃淋鹻取滷然後試以蓮子每用竹筒一枚長寸許取老硬石蓮三枚納筒中探滷三蓮橫浮則極鹹謂之足蓮滷亦謂之頭滷二蓮橫浮次之若三蓮俱浮其滷薄不可用凡煮煎編竹爲盤中爲百耳以篾懸之塗以石灰纔足受滷然烈焰中滷不漏而盤不焦灼一盤可煮二十過近亦稍用鐵盤

茶 臥龍山產茶最佳名瑞龍茶會稽志曰會稽產茶極多佳品惟臥龍一品得名亦盛與日鑄相亞杜牧之詩曰山實東吳地茶稱瑞草魁

老酒 臘月蒸造

豆酒 一名

花露甲於天下

燒酒 最乾而嚴㣲州人買之以廣布四方

酒糟 諸物迎其味即甘美普天無二

醋 香酢過於他處

筍乾 品類最多稱天下第一

羅 嘉泰志越羅最有名地輿志越貢寶花羅

綾 有花素二種潤而輕

耀花綾 舊傳隋煬帝幸汴越人進耀花綾有文突起特有光彩伊時有蠶婦乘樵風於石帆山下收野蠶繰之蠶婦夢神告曰禹穴三千年一開汝所得野蛾繭即江淹書橐中壁魚所化織絲爲裳必有光彩織之果如所言人間不敢服遂進上之今無

縐紗 薄而不重花樣甚巧

縠 嘉泰志勾踐始得西施鄭旦飾以羅縠是也今縠之名不存大率以綺羅代之云

絹 出板橋者多可爲衣裏

紗 薄而不厚南方喜着用以銷暑北方不用一日氷紗

苧葛蔴 堪績以爲索者俗呼黃蔴又呼苧爲苧蔴堪食者俗呼草蔴可以作油

絲紬綿紬竹紙 會稽志曰會稽竹紙今天樂鄉出紙尤盛民家或賴以致饒宋米芾

葦薛道祖會文清皆有越州竹紙詩載郡志中**梅市布**幅隘而光潤**梭幅**經用絲而緯以木棉**小春布**經用苧而緯以棉紗**綿紙**韓昌黎毛穎傳稱紙曰會稽楮先生是也

黃紙作楮錢以享鬼神祖考**草紙**以草爲之用以資厠出南池者佳**萊油**芝

蔴油　**桐油**　**柏油**有清白二種**燭**亦以柏爲之堅而耐燒**箬**篠葉**靛青**

蜂蜜　**銅**　**錫**　**黃蠟**

物產志終

山陰縣志卷第八

風俗志

歲時俗變

越之俗蓋有禹之遺風焉其民循循（晋書）勤于身儉于家奉祭祀力溝洫（宋志）聖人之澤足徵也海嶽精液善生俊異是以忠臣接踵孝子連閭（虞翻對）下逮凡民亦柔而惠（宋書）好學篤志隆師擇友絃誦之聲比屋相聞且其地有湖陂灌溉之利絲布魚鹽之饒（宋志）以舟楫爲輿馬（越絕書）火耕水耨食物常足（漢書）

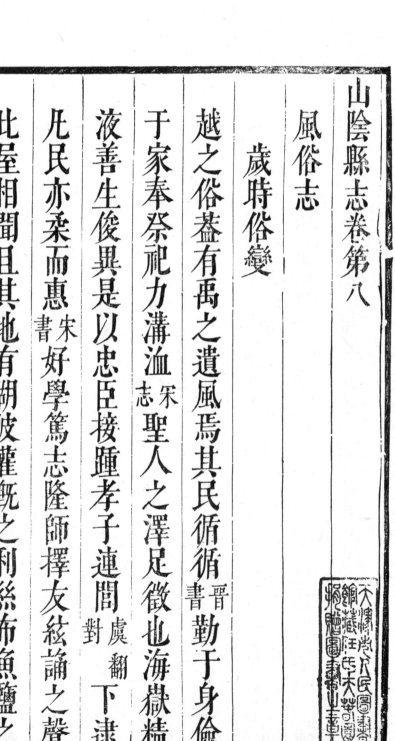

商賈工作皆著本業宋志其男女屏浮靡不事嚴內外以禮貞烈之行史不絕書斯古之山陰其有足稱者哉昔勾踐苦節讐吳而俗多慷慨漢初始尚寬大晉以風流相命而標度冠江左政由俗革風以世移唐宋之際文物隆而淳龐者浸以漓矣自元至明亦復衰中有盛盛中有衰嘗聞先生長者言前輩遺事大都崇孝弟尚廉耻習儉素鄉人之長老多厚重謹飭耻言人過失讀書敦本不以虛文相炫飾子弟稍縱恣輒以規矩繩之其仕進率

砥礪名節能建立于時分宜嚴嵩嘗曰惟紹興人
饒我不過隆萬間講道學接陽明之派者代不乏
人而山林遺逸者淸修高蹈亦能以詩文名其家
行業爲後生典型雖鄙暴者亦知所尊禮農工商
賈勤力敦篤不敢犯非其分婦人愼內閑而修女
事似于昔之所稱述葢庶幾焉若夫末俗不古則
有婚姻論財遣嫁輒破家生女或溺而不舉職是
故耳父母殁少哀戚大半用鼓樂且至高會召客
信堪輿家言有數十年不葬其親者惡少年鮮衣

美食無所事事以呼盧歌唱爲業鄉里中多盜婦女競華飾以相夸耀小民競訟或累歲鬬不休黠佃負主者之租又駕禍以脅之生儒遇考試每多請托又或後生輕其前輩家無貧富尚優俳重浮屠至破產亦爲之又多浪走四方久缺父母之養其他如此類者尚多嗟夫江河之日下也其孰挽之我

國朝定鼎以來歷今有年四民樂業山陰雖一邑乎其涵濡于善政者當爲全越之先聲矣然則餙躬

範俗振起古道有不賴長民社者表率而維新也
哉
歲時
正旦男女夙興家主設酒菓禮奠名曰接神炮竹
不絕聲黎明啓戶焚香拜天畢設先人遺像率長
幼拜之然後男女序拜其尊長男子盛服詣親屬
門行禮名曰賀歲各以酒食相欵接
立春先一日郡邑官寮迎春東郊閭里無貴賤少
長集通衢遊觀率燕饗娛樂而罷至期用巫祝禱

祭謂之作春福

正月十四日用巫人以牲醴祀白虎之神祭畢以紅綠線釘虎於門上謂之遣白虎

元宵前二日官府弛禁縱民偕樂朱門畫屋盡出器幣以矜豪華其寺觀庵宇亦垂綵帶懸諸花燈街市結竹棚張綵懸華燈作烟樓月殿鰲山銀海之狀窮奇競巧珍玩咸備簫鼓歌謳諠闐徹旦男女遊觀于道囂雜中罔知避讓竟五夕乃已凡村落人烟輳集處於神廟中列珍饌碩牲奇花異菓

名禽佳獸常時不經見者悉備之曰排筵燈有三
齊之琉璃珠滇之料絲丹陽之上耀絲金陵之夾
紗羊角杭州之羊皮燕之雲母毬屏維揚之蛇皮
錦江北之礬雪交錯相懸閒以爆竹流星及走線
故事數架曰放烟火
社日鄉有社祭必演戲以祀土穀神婦女環聚以
觀在在皆然曰社戲
二月二日嘉泰志云始開西園縱郡人遊觀謂之
開龍口葢指卧龍山言也府帥領客觀競渡自史

魏公浩爲帥率以爲例兒童歌青梅聲調婉轉大
抵如巴峽竹枝之類今巳不行姑存其畧
清明節家揷柳於簷端偕少長行賞郊外曰踏青
厥後攜男女具時饈省墓多具聲樂且移舟集名
勝地爲終日遊每遇霽景澄湖曲川畫船相尾羅
綺繁華與桃李相掩映
三月初六日張神誕辰張神係蕭山人捍海滅倭
功封爲帝三江陡亹集水車鳧馬以侑神觴甚至
非水神而遇誕日亦有以競渡恣遊嬉者

三月二十八日俗傳東嶽帝誕辰男女燒香出門且行且拜直至廟中巨室婦女或僱人代拜或扶掖親拜市井惡少羣窺覘誚笑爲樂亦不之怪因相與至廟中席地而坐由暮達旦曰宿山近頗嚴禁其風稍息云

端陽日以角黍相餽遺家設蒲觴磨雄黄飲之仍懸艾虎及綵符女子或以繭作虎小兒則以綵繩繫臂其日多禁忌採藥合藥者率以是日

五月十六日嘉泰志云觀落花亦乘畫舫多集於梅

山本覺寺同時又有遊容山項里十六峯看梅此風不行久矣姑存之

夏至祀先祖以麵鄉人競渡于通津衣小兒衣歌農歌率數十人共一舟以先後相馳逐觀者往來如堵

七月七夕相宴集女子陳瓜菓乞巧

七月十五日古謂中元節俗謂之鬼節僧舍營齋供閭里作盂蘭會祀先祖用素饌浮屠燃燈人家或燃燈于樹或放之水中喧以鐃鼓小兒則壘瓦

塔爲燈至夜分乃止明王思任河燈詩誰爇青黎火分來萬點紅舒光能亂月拔浪不驚風歌管于溪上星河一帶中莫言清與淺此地憶重逢是夜多延僧建臺設醮以祭殤鬼曰施食子孫薦其先祖者設靈位於臺下以香燭疏果饗之曰助薦

中秋夜置酒玩月製月餅饋送

八月十八日有觀潮會自三江至杙塢山延袤六十里各有觀者每自午初至未末止潮經曰初三十八午後水發潮後俄頃勢愈力名潎浪舸在海

邊者棹至中流迎之潮至水從舟上過無覆溺患
名曰接潮觀者奇之
重陽登高佩茰汎菊蒸米爲五色糕剪綵旗供小
兒嬉戲
冬至祀先以餛飩亦或宴飲不拜賀
十二月二十四日是夕祀竈俗傳臘月廿五竈神
上天而先祭之也品用糖糕先數日丐人飾鬼容
執器杖鳴鑼鼓沿門叫跳謂之跳竈亦古逐疫之
意云自是人家各拂塵其諸過歲品物不論貧富

各經營預辦街坊鼓吹之聲從此鏗鍧相和僧道則作交年保安疏以送檀越名曰作年福而醫者亦餽蒼朮辟瘟丹于素所往來之家親戚互爲餽酒食相望于通路粉粳糯米而蒸之名年糕又蒸粳米半熟名飯粰雜烏豆于内新正數日内炊食之

除夕自過午即灑掃堂室懸紙錢于閾旁换桃符門神懸祖先像并鍾馗圖向暮置雜薪爇于庭曰燒桑盆光焰燭天點紙砲以代爆竹遠近膈膊之

聲相聞不絶送神已乃闔門集少長歡飲曰分歲
酒有終夜圍爐齊坐者名曰守歲
冠禮不行久矣前多未考明時男子十六以前垂
髮總角及長而冠多于冬至或元旦加網於首以
束髮而覆以紗巾及至
國朝之制夏以凉帽冬以煖帽各省同例
婚姻多擇門第用媒妁通姓名於女家曰拜門女
家既允先治席欵媒曰肯酒後過聘尙華麗而尤
以財禮相責望娶之日不親迎用樂婦扶掖拜堂

以羽士讀祝雜用蹈藁牽紅傳度交杯毋論親疏之人皆得進觀以棗栗等果物從上撒下使觀者爭攫之曰撒帳果卽日拜公姑以次及其家長

喪禮大槩遵文公家禮惟不行小殮不用冕帛吊奠者具祭儀楮錢紙燭主家必以絹帛答之營葬多以磚石爲槨又製石桌圍堂蔭以松栢信堪輿家言至買地有不惜千百金者

祭以四時或用四仲分至日或元旦端陽重陽獻春往祖塋設祭名曰拜墳清明拜墓亦名掃松

俗變

嫁娶尙華靡以財物相尙或苦之故生女之家有淹溺而不舉者居喪具酒殽待賓客多用浮屠葬則惑堪輿之術或數年殯淺土暴其親以希富貴祭用褻禮親友常燕輙羅珍饈列聲樂以豐侈爲欵厚先輩儉素厚重之風漸委棄而不返矣縉紳之士欲挽流俗有動以古禮爲準者俗之人乃迂而哂之葢耳目溺于濡染相習而莫知其非誠有可慨者韓子曰越俗不好古詎不信哉

三夏旱甚時有迎龍之賽飾優伶少年扮爲諸神
佛相珠翠燦然綺繡陸離彩旗錦帶飄颺風日中
龍則以錦爲鱗以珠爲頷以金銀錮爲爪甲後靡
過矣好事者謂龍至其地則雨競賂會首爭使先
至執事數百人皆以酒食餉之卒以爲榮噫古之
禱者斷屠暴尫猶不以爲誠也至噪土龍則末矣
乃且資爲翫遊咋咋稱華麗心斯厭足于禱祈何
有哉

龍舟固楚風也所在都有存其名耳惟山陰邑民

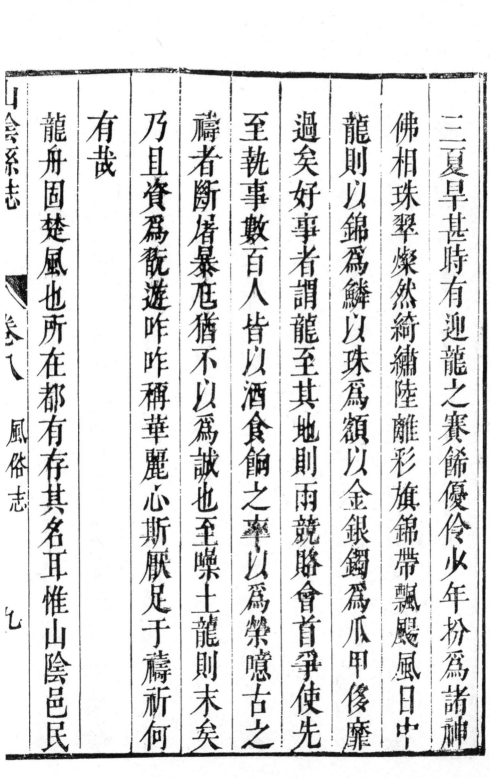

造數百艘以五色斑斕相矜尚操楫者服餙烜爛不肯一試即已故每逢神壽先期要結以奪標槍鴨賽勝聚觀者奚啻數萬至舟覆而淹沒以死者歲歲有之曾不改其習何哉

季春迎嶽神歷代以來間或舉之然不可攷矣邇者扮臺閣故事備極巧異諸不具論即云水滸一劇俱銀盔金鐙灑錦飛龍所乘之馬以珇珠爲韁以金鐲爲鐙以珍珠抹額他物稱是然風俗日益澆矣蒞茲土者多方禁止風火息

又有丐戸雜處民間以萬計不知其所始丐自言
宋將焦光瓚部落以叛宋投金故擯之曰墮民徊
不得與民間相婚姻見人不拱手不同坐其所居
之產民無有礬之者男之業捕蛙賣餳學鼓吹歌
唱汚賤無賴女之業拗鬆髻梳髮爲髢民間花燭
丐婦扶拜羣走市巷貿易說媒尤貪黠而邪佞其
類好誣訐良民結黨傾貲官茲土者或不知相沿
之俗而爲丐所惑民耻之官亦無令名故曰丐者
俗之瘤也

近俗之美者每有善士修築道路橋梁或捨棺掩骼有僧恒鑒募置義塚在山陰者有五六十處貧家產兒女力不能育者代爲收養僱乳媼給衣食不致置之名育嬰會首事都司王自功善士柴世瀛虞敬道文學何紹美何其廣朱溥劉世洙范嗣任金宗彝姜承炌爲嗣者聽其領去饑荒之年各坊都互相勸募散米煮粥貧民賴之以活者無算好義輕財焚券至百金以上者脩學宮書院輸資至千百金以上者代不乏人其他善事殆不勝更僕云

風俗志終

山陰縣志卷第九

災祥志

〔補〕李文靖曰以四方水旱盜賊聞明乎災異之不可不畏也譬如一室之内犬無故而嗥雞無故而鳴主家者有不爲之恐懼耶故有民社之責者惟先災而知備遇災而知儆後災而知救斯有災而可以無害矣祥者多畧而不書非畧也亦所以遠誣爾

〔漢〕永建六年彗星出於斗牽牛是年有海賊䑺舟䆁

會稽

熹平元年十月熒惑入南斗斗爲吳越分是歲會稽許昭等聚衆自稱大將軍攻破郡縣

魏正始元年十月乙酉彗星見長二丈拂牽牛犯太白是歲越大喪

晉太康四年壬辰境內蟹化爲鼠食稻幾盡

義熙二年丁未地陷方四丈有聲如雷

三年戊申若耶山有五色雲見

太和元年六月火燒山陰倉米數百萬斛居民數

千家

三年造縣倉得二大船船內並實以錢鑿者

馳白官守暮遣人防守甚嚴旦發之船中竟

空惟錢跡而已

（唐）天寶三年乙酉山陰移風鄉產瑞瓜柳宗元因出

瑞瓜圖作頌曰臣某等今日內出浙東觀察使賈

全所進越州山陰縣移風鄉產瑞瓜二實同蔕圖

示百寮者寶祚維新嘉瑞來應式彰聖化克表天

心臣某等誠慶誠賀稽首頓首伏維皇帝陛下保

合太和緝熙黎庶馨香上達淳化旁竹嘉瓜發瑞
來自侯服貢唯同帶見車書之永均地則移風知
化育之方始雖七月而食豳土歌王業之難五邑
稱珍東陵詠嘉瓜之會未聞感通若斯昭著者也
臣某等遭逢聖運親仰珍圖忻蹈之誠倍百恒品
無任慶悦之至
大曆二年水災
貞元二十一年夏鏡湖竭山崩
元和十二年水害稼

咸通元年乙卯夏六月有星隕境内光起丈餘狀如蛇

梁大同三年歲星掩建星是年會稽山賊起

宋咸平二年竹生米如稻民採食之

景祐四年八月大水漂溺民居

政和五年十一月承天寺瑞竹一竿七枝枝幹相同其葉圓細生花結實

宣和元年十一月大水災

紹興元年大饑疫冬大火

三年水害稼

五年五月水災

十八年大水

十九年大饑

二十年大水流民廬舍淹沒者數百人

隆興元年八月大風水災

乾道四年七月大水

慶元三年九月水害稼

嘉定二年境内大水漂民居五萬餘家壞民田十

十萬餘畝

六年水災

九年大水沒田廬害稼

十五年大水衝婺徽嚴暴流與江濤合圮田廬害稼

元

元統元年癸酉境內自正月不雨至秋七月

至元二十年境內大疫

二十六年卧龍山裂

明

洪武二十六年癸酉閏六月大風海潮漲溢漂流

廬舍居民伏屍蔽野
三十二年大水
景泰七年五月大水
天順四年四月大水
成化三年丁亥村落間李生桃實民訛言
九年癸巳板橋村徐堅家生一犢兩首兩尾
八足
十二年丙申芥生荷花是歲十二月蓬萊坊
馬氏生子四手

十三年丁酉春村落李樹生梔是歲隆興橋范家店杏實開花四種夏六月大風海水溢害稼福嚴夏瑄家庭中血濺地上高可二尺廣二尋有司聞於朝遣官致祭南鎮以禳之

十七年癸卯民間訛言有黑眚自杭州至紹閭里皆驚逾月而息

弘治十八年地大震

正德元年民間驚有怪物夜入人家爲妖彌月不止其實旱魃也

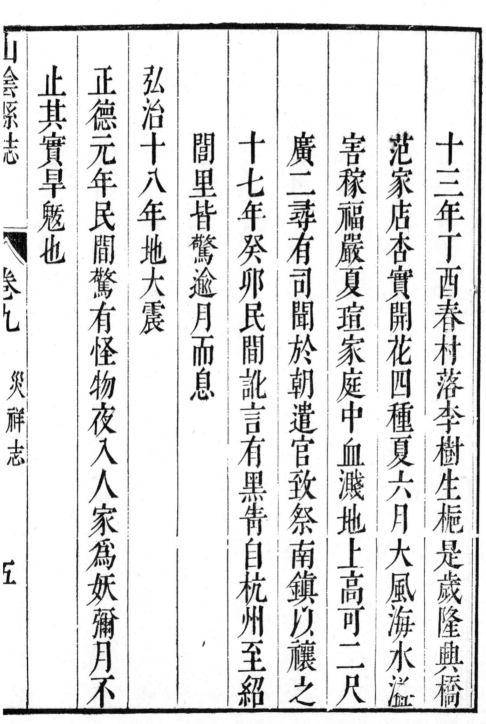

三年大旱

七年七月颶風大作海水漲溢頃刻高數丈許並海居民漂沒男女枕藉以死者萬計苗穗淹溺歲大歉

十六年二月地震

嘉靖元年二月府署火東廊黃册庫儀仗庫俱燬

十月又火西廊燬

三年二月地震大歉斗米一錢四分

十八年夏四月有魚涸于海際數十餘民採

其肉啖之獲異物如鼃狀不閱月大水衝發
嚴暴流于江濤合決堤灌于河倏入城高丈
餘並海居民淹沒伏屍蔽野
二十一年八月天裂有光如電
二十三年夏大旱湖盡涸爲赤地斗米二錢
二十五年春謝塢民家生一犢二首二尾八
足
三十一年春村落有血濺於地高數尺是年
倭兵入寇殺人以千計

三十三年十一月倭寇犯縣境我兵圍困於化人壇獲其渠魁百三十七人盡殺之是時倭寇由諸暨突入境內獲土人姚長子爲嚮導穿其肘以行長子乃紿之他往大呼鄉人曰某引賊入絕地我兵困之可悉就擒某死甘心矣後果困賊于化人壇壇四面皆水賊以是敗姚長子死之鄉人立祠于柯亭張侯祠旁祀之

三十九年二月地大震

四十一年夏天裂有光如電

四十二年卧龍山鳴

隆慶二年元旦晝大風室廬皆震是日縣災浹旬

虎入郡城宿蕺山徙明眞觀道士曉開戶攫
傷之逐去千秋巷爲諸丐所斃
萬曆十二年甲申九月城隍下殿盡燬
十六年戊子大饑斗米三錢莩民載道
二十五年丁酉紹興府大堂盡燬
二十八年庚子大饑斗米二伯錢死者無算
二十九年辛丑正月十六日夜卧龍山上城
隍廟火起殿宇并星宿閣俱燬火光照耀滿
城如同白日

三十年壬寅七月二十三日海風大發巨浪直衝内地石梁漂去里許方沉倒壞民居淹溺者不可勝計

四十八年已未四月二十一日大雪是年駕崩天上龍見

天啓元年辛酉卧龍山發洪水

五年乙丑大旱

六年丙寅六月初一日東方五色雲見

崇禎元年戊辰七月二十三日午後大風雨海水大溢

街丙行舟沿海居民溺死者以萬計又次年八月
初九日大水較元年更增五寸許
九年丙子七月龍尾見觀者如堵十一月二
十六日戌時地震
十三年庚辰有蝗從西北來不雨者四月米
價騰貴
十四年辛巳至癸未年連年大旱又連年桃
李冬花正月大雪經旬米價毎斗三錢五分
至十二日貧民爭入富家搶米有司力禁始

息十月辛卯朔日食既星斗盡見
十七年甲申野羊入城由偏門來
乙酉年六月太白晝見閏六月初八日夜有
流星如月大小相隨光芒甚白不數日兵起
統萬曆至崇禎年間四十三都俞姓一家父
子夫妻百歲父俞概百歲母鮑氏九十九歲子俞仕朝九十八歲婦韓氏一百四歲
大清順治三年丙戌六月初一日大兵破越前太白
經天六月十一日星隕如雨又大旱自夏至

秋皆赤
四年丁亥生羊三足前二後一豢于江橋張
神殿羊大且肥人不敢食
五年戊子山海多嘯聚名曰白頭兵焚掠各
鄉村不絕
七年庚寅大饑
十二年乙未大水次年大旱
十六年己亥虎至西郭門外山有虎亂計傷
百餘人

十八年辛丑六月天裂有光
康熙二年癸卯寶盆陳姓婦生四子微見鱗甲
五年丙午六月十五日夜半天裂有光
七年戊申六月十七日戌時地震又夏秋間
遍地生白毛狀似馬鬣長短不一
九年庚戌正月二十八日夜大雪忽有聲如
雷有光如電五六月大水低田不盡壞七月
初二日雨雹十二月初三日大風連日氷凍
不通十四日起連雪十餘日雪高數尺

十年四月二十五日江橋火起延燒七十餘家同朝三狀元牌坊燬五月單港產豕十二皆四耳六七月大旱湖水盡涸

災祥志終

山陰縣誌　卷九

一

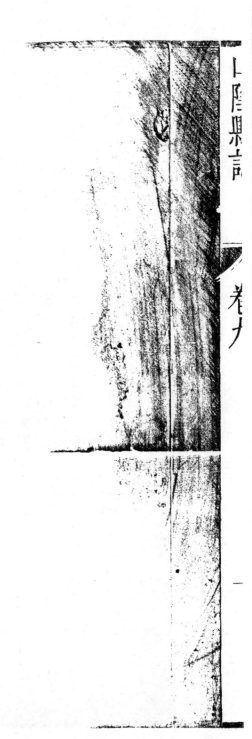

山陰縣志卷第十

田賦志上

戶口　征稅　糧則

志邑事而田賦獨詳者爲民計也別戶口列征稅紀糧則述貢額定徭役歷有成數我

國朝大約仍舊制而劑量其宜焉俾經國者守之損益惟中斯民亦永墍哉

補千金之家殖其田業以貽子孫必令佃者得所養而後租可無逋也今之殷戶即邑宰之佃也徒

知取之而不知所以養之欲租之不逋不可得矣

故戶口雖繁財賦雖殷用其一緩其二而無藝弗

征庶可長保斯民乎

戶口

宋大中祥符四年戶三萬二千一百七十一丁四萬

三千八百六十二

嘉泰元年戶三萬六千六百五十二丁四萬六千

二百二十七老幼殘疾不成丁一萬五千七百六

十七

元至元籍紹興路通共戶三十萬一百四十八口八十五萬四千八百四十七

泰定籍紹興路通共戶二十二萬二千六百五十七口五十四萬八千八百六十九

明洪武二十四年戶五萬三千九百四十六口二十萬四千五百三

永樂十年戶五萬三千九百四十六口二十萬四千五百三

嘉靖十年戶二萬九千六百六十八口一十萬三

千四百三十二

嘉靖二十年戶二萬九千四十二口一十一萬五千一十一內計民戶二萬三千二百二十七軍戶一萬一百九十四匠戶五百六十一竈戶九百五十六

嘉靖四十年戶二萬九千一百二十二口一十一萬五千四百九內計民戶二萬三千五百四十二軍戶三千三百六十二竈戶一千六百六十四匠戶五百五十四

隆慶二年戶三萬三百六十四口一十一萬五千
六百七十
萬曆年間戶二萬九千一百四十二丙民戶二萬
三千二百二十七軍戶三千五百三十二匠戶五
百五十八竈戶九百五十六官戶一百二十五生
員戶一百一十六力士校尉戶二十二陰陽戶九
弓兵鋪兵皂隸戶一百八十九水馬驛站壩夫戶
二百八十六僧戶二十六道戶二十五口一十一
萬五千四百九我

國朝原額戶口人丁三萬一千七百二十六丁口後因市丁加增二丁實共人丁三萬一千七百二十八丁口內市民人口三千八百四十三口鄉民人口二萬二千五百六十一口竈戶人口五千三百四十四口康熙六年清出人丁一百二十二口實該人丁三萬一千八百五十口

征稅

漢唐以前無所攷矣錢氏治吳越時田稅畝二斗

宋太平興國中錢氏國除朝廷遣王贄均襍稅令

畝出一斗詔從之以祥符中籍土田山蕩未得其詳嘉泰元年頗有稅額焉

明洪武二十四年官民田地山蕩池塘溇湖總一萬四千四百九十頃二十七畝二分三厘三絲一忽

田五千八百二十四頃六十畝七分四厘二毫四絲九忽地八百四十五頃八畝五分七毫七絲三忽山七千七百八十五頃九十九畝三分一厘一毫八絲九忽蕩二十頃八十一畝八分二厘四毫池二頃二十八畝六分五厘五毫五絲塘一十頃四十七畝九分九厘八毫七絲溇一分九厘

夏稅麥一千七百九石二斗四升六合八勺租鈔一千六百五十一貫八百八十七文幣帛絹一疋

秋糧米一十一萬二千五百八十二石租鈔二萬三千五十二貫五百八十九文官房賃鈔一百八貫四百三十文

農桑七千一百五十七株該絲二十三觔一十四兩每絲一觔二兩折絹一疋共折絹二十一疋

永樂十年官民田地山蕩池塘溇瀝一萬四千四百三十頃六十四畝(田)五千七百五十頃六畝八分四厘三毫(地)八百五十三頃六十一畝七分六厘四毫(山)七千七百八十三頃二十一畝七分一厘四毫(蕩)二十九頃五十二畝八分五厘四毫(池)二頃三十六畝八分五厘六毫(塘)一十一頃七十七畝九分七厘二毫五絲(溇)

五畝七分九厘五
毫〔滔〕二分五厘
夏稅麥一千六百九十六石一斗九升六合三勺，
折細絲一百二十觔每觔准麥一石二斗該麥一百
二十二石四斗本色麥一千五百七十三石七斗
九升六合三勺鈔一千六百三十六貫八百九十
七文
秋糧米一十萬二千六百二十二石九斗一升四合六
勺折細絲二百七十八觔四兩每觔准米一石該
米二百七十八石二斗五升本色米一十萬二千

三百二十四石六斗六升四合六勺租鈔二萬四千四百七十三貫四百一十二文官房賃鈔一千八十四貫八百八十三文

農桑七千一百五十七株該絲二十三觔十兩每絲一觔二兩折絹一疋總二十一疋

嘉靖四十年官民田地山蕩池塘溇瀶總一萬四千六百九十一頃五十二畝二分五厘五毫五絲

秋糧米八萬二千七百六石五斗九升二勺租鈔二萬六千五百五十四貫八百四文賃鈔一千九

十六貫七百一十六文
農桑七千一百五十七株
課程鈔一千一十六錠二貫三百六十文
酒醋課鈔五百三十一錠一貫八百文
錢淸塲鹽課司毎歲納價鹽五千六百四十六引
九十九觔八兩一錢
三江塲鹽課司毎歲買納鹽九千五百八十二引
一百九十二觔六兩
漓渚稅課局毎歲額辦商稅課鈔一萬二千六百

四十六錠二貫四百四十文

河泊所額辦魚課鈔三千六百三十錠六十文

鄉都人民戶口每年出辦鹽糧米八百三十石七斗二升隆慶二年分奉上司明文每石徵銀七錢解赴該學交納遇閏增米六十九石二斗二升七合

官吏市民戶口出辦鹽鈔三千三百五十二錠四貫鈔每貫徵銀一釐遇閏增銀二兩七錢九分四釐

每歲額徵油榨鈔四百八十五錠五百六十文

丁田額辦銀四百四十三兩七錢四分五釐二毫

一絲五忽五微六塵一漠三埃
坐辦銀一千八百七十七兩七錢四分九毫三絲
八忽一塵一渺三漠三埃
雜辦銀二百七十二兩二錢七分六厘七毫七絲
六忽三微二塵七渺八漠三埃
右三辦之銀每歲派徵里甲其額辦坐辦經數有
定自初制至今無改也乃雜辦數繁而費不經坊
都里甲歲輸支應供億煩苦而坊長之撮辦尤號
偏重凡祀享賓燕之禮與公私餽給咸一時取盈

焉吏緣爲奸冒破無藝濫尤極矣嘉靖四十五年
巡按御史龐尚鵬議均平里甲每歲約爲定費量
槩縣之丁徵銀輸官坊都之長惟催辦公課甲首
放歸于農其有燕祀之費執事者領銀應辦而已
正供之外無擾于私家損上裕下民得其惠奉請
于朝通行兩浙

萬曆十三年爲清浮糧等事復令清丈原額田共
六千二百一十七頃四十七畝二分七厘四毫九
鑑湖鄉田一千二百四十九頃八十四畝六分八

釐八毫中水鄉田二千九百一頃七十八畝四分
二釐九毫下則田三百五十二頃三十五畝三分
五釐三毫沿山鄉田二百三十九頃三十三畝四
分二釐四毫江北鄉田九百二十七頃一十七畝
三分一釐一毫天樂鄉田五百四十六頃四十畝
六釐九毫學田五十八畝
原額地共五百二十七頃五十七畝五分九釐七
毫內鑑湖鄉地三百三十八頃七十六畝五分九
釐九毫中山鄉地七十頃五十七畝一分三釐九

毫江北鄉地四十九頃九畝三分三釐三毫天樂
鄉地六十九頃一十四畝五分二釐六毫
原額池共三十七頃四十三畝九分一釐八毫内
鑑湖鄉池一十五頃九十四畝七分七釐四毫中
山鄉池五十七畝四分六釐江北鄉池四頃六十
四畝八分一釐三毫天樂鄉池一十六頃二十六
畝八分七釐一毫
原額山共七千七百七十九頃八十八畝六分九
釐二毫

原額蕩五百九頃三畝九分五毫
原額竈戸沙田地共五十三頃二十一畝五分一釐六毫內中沙田三十六頃二十二畝一分三釐一毫江沙田一十頃一分三釐沙地六頃九十九畝二分五釐五毫我
國朝因之康熙三年爲清丈地畝以除積弊等事於康熙六年竣事達部丈數詳載於後
糧則
明初山陰田則一百十有六稅分官民湖萜職學附

餘籍易混亂額屢易而稅不均嘉靖三十年知縣秦典何璿履畝均稅分爲四鄉曰鑑湖鄉爲一則曰中水鄉爲一則曰沿山鄉爲一則曰江北鄉爲一則曰天樂鄉爲一則總五則而以北折稅輕稍抵山鄉之甚瘠者於是四鄉之稅始均司稅者又夤緣爲弊民患之至隆慶元年知縣江寧楊家相立一條鞭法每歲揭榜示民執以輸納司稅者不能爲奸民尤便而德之郎中王畿有記又太僕卿張天復有記不盡載

明初制惟山無稅量畝征鈔而已其徭也以一頃准十畝計初籍七十七萬八千有奇歷歲滋久里胥爲奸豪右侵沒籍繁數混蓋所沒者幾半矣迨兵興餉急榷山計畝征稅當痼瘵而榷疲瘠民甚苦之隆慶元年知縣江寧楊家相遍履山藪核黠者所沒令盡復其故尚缺額千九百有奇又核新墾地及田當其數遂取以給山餉及其鈔省初榷之餉十之八民頌而歌之郎中王畿有記載舊志

大清依前制爲額而去其浮泒加增之例向自秋米

之外有南折一項葢因前朝以金陵建畿之地官有祿米戍有月糧凡州縣不通漕河者以其米解於金陵而折價取批所謂南折是也每畝約科米三升以斗則爲羸縮民甚苦之順治十一年甲午閩浙部院趙公錦題疏蠲免南折一項除焉

一鑑湖鄉田壹千貳百肆拾玖頃捌拾肆畝陸分捌厘捌毫康熙陸年分丈出田伍頃肆拾伍畝陸分陸厘捌毫玖絲　實該田壹千貳百伍拾伍頃叄拾畝叄分伍厘陸毫玖絲　每畝徵銀壹錢叄

分叁厘貳毫該銀壹萬陸千柒百貳拾兩陸錢肆
分叁厘伍毫叁絲玖忽捌塵　每畝徵米叁升陸
合叁勺該米肆千伍百伍拾陸石柒斗伍升壹合
玖勺伍抄伍撮肆圭柒粟
一中水鄉田貳千玖百壹頃柒拾捌畝肆分貳厘
玖毫康熙陸年分丈出田貳拾玖頃貳拾畝伍分
肆厘壹毫　實該田貳千玖百叁拾頃玖拾捌畝
玖分柒厘　每畝徵銀壹錢壹分玖厘伍毫該銀
叁萬伍千貳拾伍兩叁錢貳分陸厘玖毫壹絲伍

忽　每畝徵米叁升壹合叁勺該米玖千壹百柒
拾叁石玖斗玖升柒合柒勺陸抄壹撮
一下則田叁百伍拾貳項叁拾伍畝叁分伍厘叁
毫康熙陸年分丈缺田壹拾玖項壹拾玖畝壹分
陸厘叁毫壹絲　實該田叁百叁拾叁項壹拾陸
畝壹分捌厘玖毫玖絲　每畝徵銀壹錢壹分陸
厘柒毫該銀叁千捌百捌拾柒兩玖錢玖分玖厘
叁毫陸絲壹忽叁微叁塵　每畝徵米叁升該米
玖百玖拾玖石肆斗捌升伍合陸勺玖抄柒撮

一沿山鄉田貳百叁拾玖項叁拾叁畝肆分貳厘肆毫康熙陸年分丈出田伍項叁拾叁畝陸厘捌毫　實該田貳百肆拾肆項陸拾陸畝肆分玖厘貳毫　每畝徵銀壹錢叁厘貳毫該銀貳千伍百貳拾肆兩玖錢肆分壹厘玖毫柒絲肆忽肆微每畝徵米壹升伍合該米叁百陸拾陸石玖斗玖升柒合叁勺捌抄

一江北鄉田玖百貳拾柒項壹拾柒畝叁分壹厘壹毫　南至西小江塘北至海塘潮汐進時河水皆鹹難以溉灌頗云瘠薄且海塘係四都居民

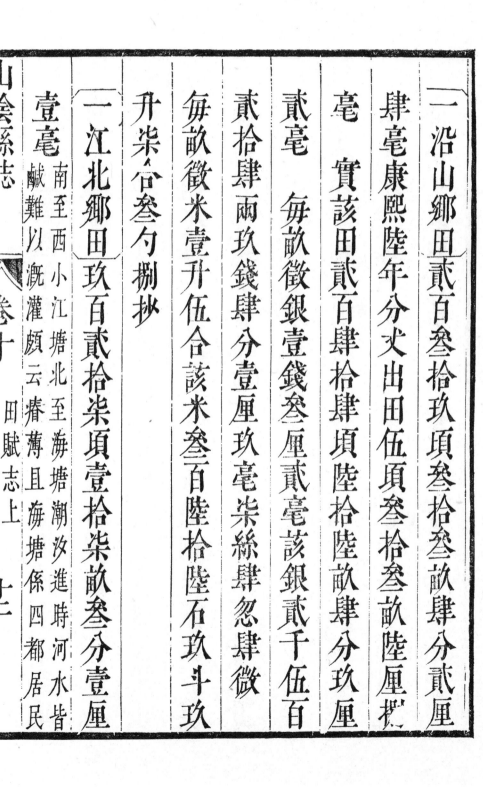

晉脩滲漏康熙陸年分丈出田柒項伍拾畝貳分貳厘
玖毫貳絲　實該田玖百叁拾肆頃陸拾柒畝伍
分肆厘貳絲　每畝徵銀玖分壹厘該銀捌千伍
百伍兩伍錢肆分陸厘壹毫伍絲捌忽貳微　每
畝徵米貳升壹合伍勺該米貳千玖石伍斗伍升
貳合壹勺壹抄肆撮叁圭

一天樂鄉田伍百肆拾陸頃肆拾畝陸厘玖毫康
熙陸年分丈出田陸頃柒拾貳畝玖分伍厘肆毫
肆絲　實該田伍百伍拾叁頃壹拾叁畝貳厘叁

毫肆絲　每畝徵銀陸分捌厘肆毫該銀叁千柒
百捌拾叁兩肆錢壹分捌毫伍微陸塵　每畝徵
米壹升貳合玖勺該米柒百壹拾叁石伍斗叁升
捌合一撮捌圭陸粟

一學田伍拾捌畝　每畝徵銀肆分柒毫共徵銀
貳兩叁錢陸分陸毫不徵米康熙六年分清丈照
舊

一鑑湖鄉地叁百叁拾捌頃柒拾陸畝伍分玖厘
玖毫康熙陸年分丈出地玖頃柒拾畝叁分叁厘

貳毫　實該地叁百肆拾捌項肆拾陸畝玖分叁厘壹毫　每畝徵銀伍分伍厘陸毫該銀壹千玖百叁拾柒兩肆錢捌分玖厘叁毫陸絲叁忽陸微

一中山鄉地柒拾頃伍拾柒畝壹分叁厘玖毫康熙陸年分丈出地伍頃叁拾畝壹分伍厘捌毫實該地柒拾伍頃捌拾柒畝貳分玖厘柒毫　每畝徵銀伍分貳厘玖毫該銀肆伯壹兩叁錢陸分捌厘壹絲壹忽叁微

一江北鄉地肆拾玖頃玖畝叁分叁厘叁毫康熙

陸年分丈出地壹頃陸拾伍畝玖分叁厘肆毫
實該地伍拾頃柒拾伍畝貳分陸厘柒毫　每畝
徵銀肆分貳厘貳毫該銀貳百壹拾肆兩壹錢柒
分陸厘貳毫陸絲柒忽肆微

一天樂鄉地陸拾玖頃壹拾肆畝伍分貳厘陸毫
康熙陸年分丈出地壹拾貳頃叁拾柒畝貳分伍
厘陸毫　實該地捌拾壹頃伍拾壹畝柒分捌厘
壹毫　每畝徵銀貳分伍厘捌毫該銀貳百壹拾
兩叁錢壹分伍厘玖毫肆絲玖忽捌微

一鑑湖鄉池壹拾伍頃玖拾肆畝柒分柒厘肆毫康熙陸年分丈出池伍頃貳拾壹畝叁分貳毫壹絲陸忽貳微捌塵　實該池貳拾壹頃壹拾陸畝柒厘陸毫壹絲陸忽貳微捌塵　每畝徵銀伍分壹毫該銀壹百壹兩壹分伍厘肆毫壹絲伍忽柒微陸塵

一中山鄉池伍拾柒畝肆分陸厘康熙陸年分丈缺池捌畝壹分陸厘伍毫　實該池肆拾玖畝貳分玖厘伍毫　每畝徵銀肆分玖厘肆毫該銀貳

兩肆錢叁分伍厘壹毫柒絲叁忽

一江北鄉池肆頃陸拾肆畝捌分壹厘叁毫康熙陸年分丈出池壹頃貳拾玖畝肆分陸厘伍毫陸絲　實該池伍頃玖拾肆畝貳分柒厘捌毫陸絲

每畝徵銀叁分柒厘玖毫該銀貳拾貳兩伍錢貳分叁厘壹毫伍絲捌忽玖微肆塵

一天樂鄉池壹拾陸頃貳拾陸畝捌分柒厘壹毫康熙陸年分丈出池肆頃伍拾捌畝壹分肆厘陸毫捌絲　實該池貳拾頃捌拾伍畝壹厘柒毫捌

絲　每畝徵銀貳分壹厘壹毫該銀肆拾叁兩玖
錢玖分叁厘捌毫柒絲伍忽伍微捌塵

一山柒千柒百柒拾玖頃捌拾捌畝陸分玖厘貳
毫康熙陸年分丈出山伍拾捌頃捌拾畝陸分肆
厘壹毫　實該山柒千捌百叁拾捌頃陸拾玖畝
叁分叁厘叁毫　每畝徵銀肆厘伍毫該銀叁千
伍百貳拾柒兩肆錢壹分壹厘玖毫玖絲捌忽伍
微

一蕩伍百玖頃叁畝玖分[illegible]伍毫康熙陸年分丈出

蕩陸拾壹項壹拾柒畝肆分叁釐伍毫　實該蕩伍百柒拾項貳拾壹畝叁分肆釐　每畝徵銀捌釐伍毫該銀肆百捌拾肆兩陸錢捌分壹釐叁毫玖絲

一中沙田叁拾陸項貳拾貳畝壹分叁釐壹毫康熙陸年分丈出田伍畝叁分柒釐柒毫　實該田叁拾陸項貳拾柒畝伍分捌毫　每畝徵銀壹錢壹分伍釐捌毫該銀肆百貳拾兩陸分伍釐肆毫貳絲陸忽肆微

一江沙田壹拾頃壹分叁厘康熙陸年分丈出田伍頃壹拾貳畝肆分肆厘捌毫　實該田壹拾伍頃壹拾貳畝伍分柒厘捌毫　每畝徵銀壹錢陸厘捌毫該銀壹百陸拾壹兩伍錢肆分叁厘叁毫叁絲肆微

一沙地陸頃玖拾玖畝貳分伍厘伍毫康熙陸年分丈出地玖分捌厘柒毫　實該地柒頃貳分肆厘貳毫　每畝徵銀玖分肆厘壹毫該銀陸拾伍兩捌錢玖分貳厘柒毫柒絲貳忽貳微

一市民叄千捌百貳拾叄口原報增丁貳拾口康熙陸年分清出市丁壹拾壹口　實該市民叄千捌百伍拾肆口每口徵銀壹錢肆分貳厘該銀伍百肆拾柒兩貳錢陸分捌厘

一鄉民貳萬貳千伍百陸拾壹口康熙陸年分清出鄉民壹百壹拾壹口　實該鄉民貳萬貳千陸百柒拾貳口每口徵銀壹錢陸分該銀叄千陸百貳拾柒兩伍錢貳分每口徵米柒勺該米壹拾伍石捌斗柒升肆勺

一竈戶伍千叄百肆拾肆口每口徵銀玖厘該銀肆拾捌兩玖分陸厘每口徵米叄勺該米壹石陸斗叄合貳勺

康熙六年共丈出新增地丁銀陸百捌拾壹兩肆錢柒分零共丈出新增米捌拾陸石伍斗陸升零

康熙十年易知由单共田地山蕩竈戶田地人丁等項共徵銀捌萬貳千貳百柒拾壹兩貳分伍厘肆毫捌絲壹忽肆微伍塵除紳衿止免本身壹丁銀壹百捌拾貳兩壹錢叄分額徵銀捌萬貳千捌

拾捌兩捌錢玖分伍厘肆毫捌絲壹忽肆微伍塵
加收零積餘米改徵銀貳拾貳兩柒錢伍分伍厘
貳毫壹絲捌忽柒微孤貧口糧米改徵銀玖百玖
拾兩每額徵銀壹兩加徵顏料蠟茶新加銀陸毫
陸絲捌忽壹微貳塵肆渺貳漠叁埃肆纖實新加
銀共伍拾肆兩捌錢肆分伍厘伍毫捌絲肆微壹
塵柒渺伍漠　通共實徵銀捌萬叁千壹百伍拾
陸兩肆錢玖分陸厘貳毫捌絲伍微陸塵柒渺伍
漠

共徵米壹萬柒千捌百叁拾柒石柒斗玖升陸合伍勺玖撮陸圭叁粟除收零積餘米貳拾貳石柒斗伍升伍合貳勺壹抄捌撮柒圭　孤貧口糧米玖百玖拾石俱改米徵銀每米壹石減徵米伍升陸合柒勺柒抄伍撮捌圭貳粒捌黍玖粞肆糠叁粃改徵銀伍分陸厘柒毫柒絲伍忽捌微貳渺捌漠玖埃肆纖叁沙實徵米壹萬陸千捌百貳拾伍石肆升壹合貳勺玖抄玖圭叁粟

外賦不入地丁科徵銀壹百捌拾兩柒錢肆分貳

厘伍毫貳絲內　本縣課鈔銀肆兩捌錢伍分壹

厘貳絲　油車鋪戶出辦歸經費用

匠班銀壹百柒拾伍兩捌錢玖分壹厘伍毫匠戶

出辦

以上地丁并外賦共徵銀捌萬叁千叁百叁拾柒

兩貳錢叁分捌厘捌毫伍微陸塵柒渺伍漠內

起運銀陸萬陸千肆百陸拾柒兩陸錢柒分玖毫

貳絲伍微陸渺陸漠玖埃叁纖捌沙

鹽課銀壹千陸百玖拾伍兩陸錢捌分陸厘肆毫

陸絲陸忽陸塵柒渺貳漠肆埃壹纖貳沙
漕運銀柒千肆百叁拾伍兩壹錢壹分陸厘玖毫
伍絲叁忽玖微玖塵叁渺伍漠陸埃伍纖
驛站存留銀柒千柒百叁拾捌兩柒錢陸分肆厘
肆毫陸絲內除外賦課鈔抵經費銀肆兩捌錢伍
分壹厘貳絲徵錢肆千捌百伍十壹文貳厘于課
鈔全徵錢支給外實該地丁內存留銀柒千柒百
叁拾叁兩玖錢壹分叁厘肆毫肆絲
奉文徵錢一件外局之爐座既復等事于康熙柒

年叁月初六日奉督撫二院案驗准戶部咨開存留
驛站經費俸工等項遵照定例收錢放錢各州縣
應照欵徵錢支放等因奉此遵照該徵錢柒百柒
拾叁萬叁千玖百壹拾叁文肆分肆厘每額徵銀
壹兩該錢玖拾肆文貳分壹厘叁毫捌絲捌忽
共該徵米壹萬陸千捌百貳拾伍石肆升壹合貳
勺玖抄玖圭叁粟內
漕運月糧米肆千貳百捌拾石肆斗肆升柒勺
存留米壹萬貳千五百肆拾肆石陸斗伍勺玖抄

玖圭叄粟

田賦志上終

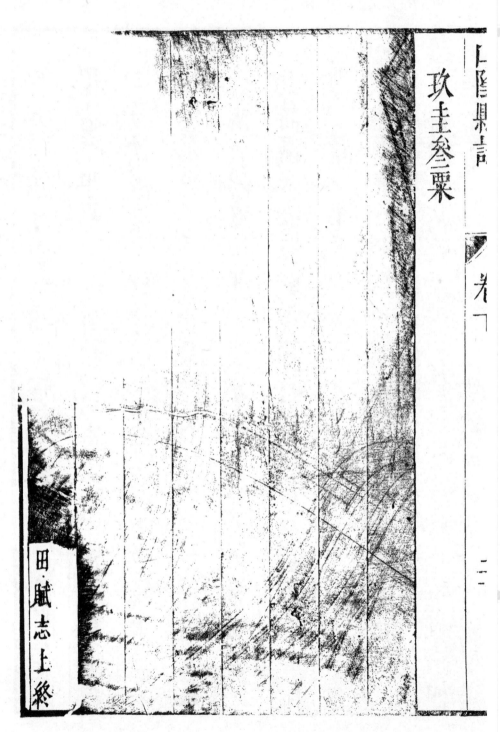

山陰縣志卷第十一

田賦志下

起運　存留　徵比　起解　貢額　徭役

起運

大淸舊編各部寺本折正賦裁扣等銀共肆萬捌千肆百捌拾叁兩貳錢肆分玖厘零　滴珠鋪墊路費共銀叁百叁拾伍兩叁錢玖分捌厘零內

戶部項下　本色共銀肆拾伍兩柒錢伍分柒厘零　鋪墊路費共銀捌兩伍錢伍分陸厘零

○顏料銀貳拾叁兩陸錢柒分肆厘零鋪墊銀伍兩柒錢壹分伍厘零○解損路費銀貳兩捌錢肆

分零○黃蠟銀壹拾伍兩肆錢壹釐零○芽茶銀陸兩陸錢捌分壹釐零○折色共銀壹萬捌千伍百叄拾貳兩陸錢柒分壹釐零○滴珠路費共銀貳伯叄拾兩柒錢肆分零○金花銀[redacted]千柒百肆拾貳兩玖錢柒分陸釐零○滴珠路費銀壹百貳拾捌兩陸分零○農桑折絹銀壹拾肆兩柒錢路費銀壹錢肆分柒釐○泒剩米折銀陸百伍拾叄兩陸錢肆分壹釐零○路費銀柒兩[redacted]錢肆分叄釐零○折色蠟價銀叄百肆拾柒兩肆錢貳分陸釐路費銀叄兩肆錢柒分肆釐零○富戶銀貳拾肆兩路費銀貳錢肆分○昌平州銀肆肆兩路費銀肆分○芽茶銀柒兩伍錢陸分貳釐零路費銀柒分伍釐零○葉茶銀肆兩捌錢貳分柒釐零路費銀肆分捌釐零○黃蠟銀壹百兩叄錢叄分壹釐零路費銀壹兩叄釐零○江南藥價銀陸錢柒分壹釐零○津貼路費銀壹錢叄分肆釐零○柴直銀壹百肆拾壹兩陸錢路費銀壹兩肆錢壹分陸釐○顏料改折銀貳百肆拾伍兩陸錢伍分零路

費銀貳兩肆錢伍分陸厘零○鹽鈔銀壹拾陸兩
柒錢陸分肆厘零路費銀貳錢壹厘零○九厘銀
壹萬貳千貳百貳拾捌兩伍錢壹分玖厘零路費
銀捌拾伍兩伍錢玖分玖厘零

禮部光祿寺項下 本色藥材料價銀伍兩陸分陸
厘零津貼路費銀貳兩伍錢叁
分叁厘零○折色共銀壹百叁拾柒兩陸錢捌分
零○路費共銀玖兩玖錢肆分柒厘零○牲口銀
柒拾柒兩伍錢路費銀柒錢柒分伍厘○藥材銀
壹拾柒兩肆錢玖分壹厘零津貼路費銀捌兩柒
錢肆分伍厘零○果品銀叁拾叁兩○箓笋銀玖
兩陸錢捌分捌厘零路費銀肆錢貳分陸厘零

工部項下 本色桐油銀壹拾伍兩玖錢玖厘零墊
費銀伍拾叁兩伍錢捌分玖厘零○折
色共銀叁千玖百壹拾壹兩貳錢玖分貳厘零○
路費共銀壹拾兩玖錢伍分捌厘零○麂狐皮銀
叁兩陸錢○匠役銀陸兩叁錢壹分叁厘零路費
銀陸分叁厘零○桐油改折并墊費銀陸拾玖兩

肆錢玖分玖厘零路費銀陸錢玖分肆厘零○漆
木銀柒兩捌錢玖厘零○牛角銀壹千貳拾兩路
費銀壹拾兩貳錢○箭銀叁百玖兩○弦銀壹百
柒拾兩叁錢○胖襖銀壹百玖拾柒兩伍錢叁分
捌厘零○工料銀陸百柒拾兩○歲造段疋銀柒
百捌拾伍兩捌錢柒分陸厘○軍器軍三并路費
銀叁百貳拾叁兩肆錢伍分零○軍器民七銀叁
百叁拾柒兩捌錢捌分柒厘零○軍器路費銀壹
拾兩壹分
捌厘零

舊編存留項內裁攺解部充餉共銀貳萬伍千捌百叁拾貳兩捌錢

柒分壹厘零○路費共銀壹拾玖兩柒分叁厘零
內捕盜 伍拾柒兩陸錢○行香銀玖兩○馬價
銀壹千柒百伍拾肆兩壹厘零路費銀壹拾柒兩
伍錢肆分零○府縣貢備倉經費銀伍拾叁兩貳
錢○如坻三江倉經費銀肆拾伍兩肆錢○府縣
備用銀壹百柒拾伍兩伍錢○三江白洋黃家堰

巡司弓兵銀叁拾柒兩貳錢○積餘銀陸拾兩玖錢柒分玖厘零○積餘米易銀貳拾貳兩柒錢伍分伍厘零○順治九年裁扣銀貳百捌拾柒兩陸錢○順治十二年裁扣銀玖拾捌兩○順治十四年裁減銀貳千肆百玖兩陸錢玖分伍厘○膳夫裁銀壹百貳拾兩○裁官經費銀壹百肆拾壹兩肆分○康熙元年新裁吏書工食銀肆百捌兩○康熙二年盡裁生員廩糧銀壹百伍拾貳兩○又裁倉庫學書工食銀貳拾陸兩肆錢○康熙三年裁教職銀壹百伍拾玖兩叁錢陸分○新增人丁銀貳兩捌錢肆分○優免充餉銀貳千玖拾柒兩壹錢陸分捌毫○學道歲考銀叁拾兩○里馬銀叁拾陸兩○漕運月糧三分撥還軍儲銀貳千伍百肆拾玖兩伍分柒厘零○南折銀叁千壹百壹拾肆兩貳分肆厘零○軍儲充餉銀壹萬壹千捌百叁拾貳兩柒錢叁分捌厘零○會同館馬價銀壹百伍拾叁兩叁錢貳分路費銀壹兩伍錢叁分叁厘零○運司解部充餉完字號座船水手銀貳

康熙十年起運本折正賦裁扣等銀共叁百柒拾肆兩柒錢捌分柒厘零　路費銀共壹兩肆錢叁厘零

戶部項下　折色共銀壹拾兩叁錢玖分柒厘零路費共銀壹錢陸厘零內　柒直銀玖兩路費銀玖分○鹽鈔銀壹兩叁錢玖分柒厘零路費銀壹分陸厘零

工部項下　折色共銀叁拾玖兩叁錢叁分柒厘零路費銀伍厘貳毫零○匠役銀伍錢貳分柒厘零路費銀伍厘貳毫零○歲造叚疋銀叁拾捌兩捌錢壹分零

舊編存畱項內裁改解部充餉　共銀叁百壹拾壹兩玖錢陸分捌厘零內　弓兵銀叁兩壹錢○順治九年裁扣銀貳拾貳兩叁錢○順治十四年裁減銀肆拾叁兩柒

錢○膳夫裁銀玖兩玖錢玖分玖釐零○裁官經費銀壹拾壹兩柒錢伍分叁釐零○康熙元年新裁吏書工食銀叁拾肆兩○又裁倉庫學書工食銀貳兩貳錢○康熙叁年裁教職銀壹拾兩貳錢柒分玖釐零○月糧叁分銀壹百柒拾肆兩陸錢叁分陸釐

運司解部充餉完字號座舡水手銀壹錢陸分陸釐零○漁課銀壹拾貳兩玖錢壹分柒釐零路費銀壹兩貳錢玖分壹釐零

存畱

大清舊編存畱通共銀叁萬壹千捌百叁拾伍兩叁錢貳釐零　米共壹萬柒千柒百伍拾壹石貳斗陸升伍合零

本省額編兵餉內提出軍儲南折二欵彙列充餉外實該兵餉銀壹萬柒千貳百貳拾肆兩陸錢壹分伍釐零○田地山銀伍千叁百壹拾肆兩壹錢捌釐零○預備秋米折銀貳千陸百玖拾壹兩陸錢柒分柒釐零○均徭充餉銀肆百壹拾貳兩貳錢○民壯充餉銀陸百捌拾伍兩壹錢叁分○本府倉歲餘米銀貳千捌百玖拾捌兩叁錢玖分叁釐零○續撥軍儲充餉銀貳千陸百壹拾柒兩叁錢伍釐零○舊額軍儲充餉銀捌百伍拾貳兩叁錢壹分柒釐零○曆日充餉銀壹拾壹兩叁錢伍分○裁冗內減銀壹拾陸兩伍錢陸分存縣夫馬仍以諸暨縣協濟抵解外實該裁冗銀壹千柒百肆拾貳兩壹錢叁分叁釐零

米　共壹萬柒千柒百伍拾壹石貳斗陸升伍合零內孤貧口糧米玖百玖拾石○順治十四年奉裁充餉○康熙七年全復每石易銀壹兩又收零積餘米貳拾貳石柒斗伍升伍合零每石易銀壹

兩充餉外實該解省南米壹萬貳千肆百伍拾叄石柒升零○月糧米肆千貳百捌拾石肆斗肆升零○祭祀米伍石

解司 共銀玖百壹拾伍兩柒錢陸分叄厘零內科舉銀壹百陸拾兩陸錢伍分陸厘○會試舉人水手銀貳百兩○武舉銀壹兩柒分○雇稅銀貳兩伍錢○曆日銀貳拾陸兩貳錢伍分貳厘零○戰船銀玖拾肆兩伍分零○解司備用銀貳百陸兩貳錢叄分肆厘零○布政司解戶銀肆拾伍兩○左布政司皂隸十二名廣濟庫庫夫十三名共銀壹百伍拾兩○彬字號座船水手銀壹拾伍兩○漁字號座船水手銀壹拾兩○節字號座船水手銀伍兩奉裁充餉

存畄府縣 共銀肆千壹拾捌兩捌錢壹分肆厘零內 進表銀叄兩肆錢叄分玖厘○官役俸食心紅等項內守紹道俸銀壹百叄拾兩○心紅銀伍拾兩奉裁○守處道快手十二名共銀

柒拾貳兩皂隸十二名共銀柒拾貳兩奉裁○布政司經歷司門皂馬夫六名共銀叁拾陸兩○[illegible]台道皂隸十二名共銀柒拾貳兩奉裁○寧紹分司門子二名共銀壹拾貳兩皂隸十二名共銀柒拾貳兩轎傘扇夫七名共銀肆拾貳兩○本府知府員下燈夫四名共銀貳拾肆兩轎傘扇夫七名共銀肆拾貳兩○推官員下燈夫二名共銀壹拾貳兩○轎傘扇夫七名共銀肆拾貳兩奉裁○經歷司俸銀肆拾兩門皂馬夫六名共銀叁拾陸兩○司獄司俸銀叁拾壹兩伍錢貳分○皂隸二名壹拾貳兩○教授俸銀叁拾壹兩伍錢貳分○齋夫六名共銀柒拾貳兩○膳夫十六名共銀捌拾捌兩○門子三名共銀貳拾壹兩陸錢○喂馬草料銀壹拾貳兩○三江白洋巡檢二員共俸銀陸拾叁兩肆分○皂隸四名共銀貳拾肆兩○蓬萊驛驛丞俸銀叁拾壹兩伍錢貳分○皂隸二名共銀壹拾貳兩○紹興批驗所大使俸銀叁拾壹兩伍錢貳分○皂隸二名共銀壹拾貳兩○本縣知

縣俸銀肆拾伍兩○心紅銀貳拾兩○門子二名共銀壹拾貳兩○皁隸十六名共銀玖拾陸兩○馬快八名共銀壹百叁拾肆兩肆錢○民壯五十名共銀叁百兩○燈夫四名共銀貳拾肆兩○禁卒八名共銀肆拾捌兩○修理倉監銀貳拾兩○轎傘扇夫七名共銀肆拾貳兩○庫子四名共銀貳拾肆兩○斗級四名共銀貳拾肆兩○縣丞俸銀肆拾兩○門皁馬夫六名共銀叁拾陸兩○典史俸銀叁拾壹兩伍錢貳分○門皁馬夫六名共銀叁拾陸兩○教諭俸銀叁拾壹兩伍錢貳分○齋夫六名共銀柒拾貳兩○膳夫八名共銀肆拾兩○門子三名共銀貳拾壹兩陸錢○喂馬草料銀壹拾貳兩○祭祀賓興內本府祭祀銀壹百玖拾肆兩肆錢捌分○文廟香燭銀叁兩陸錢○迎春銀伍兩○本縣祭祀銀柒拾壹兩○文廟香燭銀壹兩陸錢○迎春銀叁兩○鄉飲銀壹拾兩○季考銀叁拾陸兩○本府歲貢路費旗匾銀叁拾兩柒錢伍分○覲風銀叁拾陸兩○雜支內守道

新任祭門等銀肆錢貳分奉裁○府縣新官到任祭門等銀陸兩玖錢玖分○府縣陞遷祭江等銀伍兩伍錢○本府解戶銀肆拾兩○看守禹王廟門子共銀陸兩○看守分司門子共銀陸兩○府縣鹽捕十七名共銀壹百貳拾貳兩肆錢○三江巡司弓兵銀叁拾貳兩肆錢○鹽課并滴珠銀伍拾兩肆錢叁分玖釐零○白洋巡司弓兵銀壹拾捌兩○鹽課并滴珠銀貳拾貳兩叁錢玖分柒釐零○黃家堰巡司弓兵銀陸拾壹兩貳錢○鹽課并滴珠銀壹拾陸兩玖錢陸分捌釐○各鋪司兵共銀肆百壹拾貳兩捌錢○閘夫銀貳拾柒兩○修城民七銀伍拾貳兩伍錢陸分陸釐○修理塘閘銀捌拾捌兩玖錢叁分貳毫○修理官船并水手銀肆拾兩○修理鄉飲器皿等銀壹拾兩○存縣備用銀捌拾玖兩叁分陸釐零

○府縣重囚口糧銀柒拾貳兩

二三年一辦內　本縣歲貢路費旗匾等銀叁拾叁兩○迎宴新舉人銀壹拾玖兩○

起送會試舉人等銀貳拾捌兩叁錢捌分肆厘零
○賀新進士等銀壹拾兩陸錢陸分陸厘零○起
送科舉生員等銀肆拾捌兩捌分陸厘零內
外賦不入田畝銀肆兩捌錢伍分壹厘零

隨漕項下 共銀柒千肆百叁拾伍兩壹錢壹分陸
厘零○貢具銀貳百壹拾兩貳錢叁分
叁厘零○廩貢銀伍百陸拾壹兩陸錢○月糧七
分給軍銀伍千玖百肆拾柒兩捌錢零○淺船銀
柒百壹拾伍兩肆
錢捌分叁厘零

兵部項下 共銀貳千貳百肆拾兩玖錢玖分貳厘
零內驛站銀伍百貳拾貳兩肆錢叁分
貳厘零○經臨公幹官員合用心紅紙劄等銀叁
拾兩合用門皂銀壹百兩○僱夫銀壹千壹百玖
拾捌兩捌錢○僱馬銀壹百貳拾陸兩○裁冗共
餉內扣存夫馬銀壹拾陸兩伍錢陸分○差船銀
貳百肆拾
柒兩貳錢

一隨糧帶徵鹽課共銀壹千伍百柒拾柒兩柒分
壹厘零　滴珠銀貳拾陸兩捌錢壹分零內
水鄉蕩價銀壹千壹百叁拾玖兩陸錢肆分陸厘零○折色銀貳百叁拾陸兩叁錢肆分陸厘○本色銀壹百肆拾伍兩叁毫○塗田地稅銀肆拾兩捌錢叁分捌厘零○三江閘沙田地差銀壹拾叁兩伍錢玖分肆厘零○商稅銀壹兩陸錢肆分伍厘零○滴珠銀貳拾陸兩捌錢壹分零
一額外歲徵漁課折色銀壹百伍拾貳兩零　路
費銀壹拾伍兩貳錢零俱原額奉文稅糧內派徵
以上通共起運銀伍萬貳百壹拾貳兩叁錢貳分
零　滴珠鋪墊路費銀叁百柒拾柒兩肆錢捌厘

零　存留銀叁萬壹千捌百叁拾伍兩叁錢貳釐
零今奉
旨彙解戸部本折正賦裁扣等各項通共銀伍萬貳
百壹拾貳兩叁錢貳分零　滴珠鋪墊路費銀叁
百柒拾柒兩肆錢捌釐零　存留本省兵餉銀壹
萬柒千貳百貳拾肆兩陸錢壹分伍釐零　存留
各項雜支銀共壹萬肆千陸百壹拾兩陸錢捌分
陸釐零　南月糧米壹萬陸千柒百叁拾叁石伍
斗壹升零　祭祀米伍石

遇閏地畝加銀壹千叁百貳拾玖兩捌錢玖分捌
厘零　外賦加銀貳錢貳分壹厘零共加閏銀壹
千叁百叁拾壹錢貳分壹厘肆毫
康熙十年共存畱玖百伍拾叁兩玖錢叁分零內
本省兵餉共銀壹百伍拾叁兩肆錢陸分陸厘零
內民壯銀陸拾陸兩陸錢　裁冗銀伍拾貳兩
貳錢伍分叁厘零　鹽米折銀
叁拾肆兩陸錢壹分叁厘零
解司　共銀壹拾伍兩叁錢捌分叁厘零內　左布
政司皂隸廣濟庫庫夫銀壹拾貳兩伍錢〇
曆日銀叁錢捌分叁厘零〇彬字號座船水手銀
壹兩貳錢伍分〇漁字號座船水手銀捌錢叁分
叁厘零〇節字號座船水手銀肆錢壹分陸厘零
奉裁〇隨漕月糧銀肆百柒兩肆錢捌分肆厘

存縣各項雜支

共銀貳百肆拾玖兩壹錢玖分陸釐零○守紹道俸銀壹拾兩捌錢叁分叁釐零奉裁○守處道快手十二名銀陸兩奉裁○皂隸十二名銀陸兩奉裁○布政司經歷司門皂馬夫六名銀叁兩○紹台道皂隸十二名銀陸兩奉裁○寧紹分司門子二名銀壹兩○皂隸十二名銀陸兩○轎傘扇夫七名銀叁兩伍錢○本府知府燈夫四名銀貳兩○轎傘扇夫七名銀叁兩伍錢○推官燈夫二名銀壹兩奉裁○轎傘扇夫七名銀叁兩伍錢奉裁○經歷俸銀叁兩叁錢叁分叁釐零奉裁○門皂馬夫六名銀叁兩○司獄司俸銀貳兩陸錢貳分陸釐零奉裁○皂隸二名銀壹兩○教授俸銀貳兩陸錢貳分陸釐零奉裁○齋夫六名銀陸兩○膳夫十六名銀陸兩陸錢陸分陸釐零○門子三名銀壹兩捌錢○三江白洋巡檢俸銀伍兩貳錢伍分叁釐零奉裁○皂隸四名銀貳兩○蓬萊驛驛丞俸銀貳兩陸錢貳分陸釐零奉裁○皂隸二名銀壹兩○紹興

批驗所大使俸銀貳兩陸錢貳分陸厘零奉裁○皂隸二名銀壹兩○本縣知縣俸銀叁兩柒錢肆分玖厘零奉裁○門子二名銀壹兩○皂隸十六名銀捌兩○馬快八名銀壹拾壹兩貳錢○民壯五十名銀貳拾伍兩○燈夫四名銀貳兩○禁卒八名銀肆兩○轎傘扇夫七名銀叁兩伍錢○庫子四名銀貳兩○斗級四名銀貳兩○縣丞俸銀叁兩叁錢叁分叁厘零奉裁○門皂馬夫六名銀叁兩○典史俸銀貳兩陸錢貳分陸厘零奉裁○門皂馬夫六名銀叁兩○教諭俸銀貳兩陸錢貳分陸厘零奉裁○齋夫六名銀陸兩○膳夫八名銀叁兩叁錢叁分叁厘零○門子三名銀壹兩捌錢○看守禹王廟門子二名銀伍錢○看守分司門子二名銀伍錢○本府鹽捕九名銀伍兩肆錢○本縣鹽捕八名銀肆兩捌錢○三江巡司弓兵銀貳兩柒錢○鹽課銀肆兩貳錢叁厘零奉裁○白洋巡司弓兵銀壹兩伍錢又鹽課銀肆兩捌錢陸分陸厘零奉裁○各鋪司兵銀叁拾肆兩肆錢

○黄家堰巡司弓兵銀伍兩壹錢又鹽課銀壹兩肆錢壹分肆厘奉裁○閘夫銀貳兩貳錢伍分○修理官船水手銀貳兩伍錢

兵部項下 共銀壹百貳拾捌兩肆錢內 僱夫馬銀壹百壹拾叁兩肆錢 又差船加役銀壹拾伍兩

遇閏加米叁百伍拾貳石壹升陸合 係運丁月糧

一額外匠班銀壹百柒拾伍兩捌錢玖分壹厘零又當稅銀壹百兩并牙稅雜稅等銀雖無定額仍於年終將收過數目造報查核

奉裁銀共肆百伍拾伍兩肆錢貳分

徵比

一徵比本邑坊里舊分六花每日止比一花週而復始應比者按期赴比自一都一啚起至九都一啚止凡三十三里曰頭花自九都二啚起至十七都一三啚止凡三十五里曰二花自十七都二四啚起自二十六都三啚止凡三十七里曰三花自二十七都一啚起至三十五都二啚止凡三十五里曰四花自三十六都一啚起至四十六都二啚止凡三十三里曰五花自四十六都三啚起至丞

恩坊止凡十四里二十三坊曰六花以次輪比法難變易惟天樂四都距縣百里而遥特設十日一比之法而應輸之課亦無敢後云

比法莫善於兼比遞年何也見年秖求免鞭笞而已寧敢任拖欠之咎哉皆因遞年頑梗恁催不卹以致積逋相仍而解額常虧倘能兼比遞年誰敢規避似繁而實簡矣若遞年赴比而不完者又用滾单摘比之法有不輸將恐後乎康熙九年臺臣傅公〇一疏云徵比須先頒赤曆册俾十甲欠户

各註地丁銀米雖零星細戸不許推諉正此意也
已經奉
旨須行省直永爲遵守則見役無奔馳賠累之苦而
惟正之供必無匱歉矣

起解

一起解歷來各項錢糧糧米民解居多一逢點差
輙至傾家自順治初年奉吏收官解之例而坊里
遂安
解糧舊例欵項常百餘條緩急之際不得不那移

一郡移而册籍必致淆一淆而胥役必致侵漁者勢也康熙二年左布政使袁一相條議各州縣錢糧既以一條鞭徵收亦應以一條鞭起解除輕賫淺貢行月解糧道竝銀解驛道鹽課解運司採辦本色解府外諸凡部寺各項百餘條應解司者槩爲一條及至解部則藩司自列欵項近年以來無仍前紛紜之弊而解額無分毫之掛欠者實布政司條議之力也

貢額

陸閎所著越布单衣勅常獻此所謂錫貢者也舊
制載唐貢編紋紗等十二種宋祥符中貢排花紗
等五種元貢有玉面貍等明貢則有食味今食味
久裁汰而藥材器用等派入額辦銀內起解鮮以
本色貢矣
〔明〕歲進野味兎八隻鴈四隻鵓鴿四隻歲辦藥材
白术十九斤茯苓七十斤半夏五十斤皮一百二
十五張弓三百六十張箭三千三百二十四枝弦
條一千八百三十鵝翎八萬二千六百絲一百五

十一斤五兩金線三千五百三十六丈一尺顏料
紅花七十四斤二兩二錢烏梅七十四斤二兩二
錢梔子三斤十一兩三錢黃栢皮三斤十一兩三
錢洗花灰一千一百八十六斤五兩石灰二十八
斤二兩二錢靛青四百五十五斤二兩槐子二十
一斤一十二兩八錢白礬一十五斤二兩胰子一
百二十九箇明礬一十二斤六兩黃册一十七斤
六兩五錢薑黃二斤八兩一錢木柴一百八十九
箇曆日紙黃紙一萬八千五百張白紙二萬四千

五百八十張
國朝貢額盡除止徵銀米二項所有顏料諸條俱折銀採辦已載起運部寺項下矣惟糧米有秋南之別秋米折銀解糧道給發運丁口糧每石折色壹兩爲例於先一年秋冬之際預徵南米聽上臺攺撥給散各鎮營月糧於本年秋收後開徵每徵壹石以貳斗伍升爲秋米以七斗伍升爲南米

徭役

〔補〕力役之征自古有之明季百費浩繁俱責成坊

里至科派承應之費溢于常賦一嘗見役動費五六百金則田產非其有也自

國朝定鼎至順治十五年以次釐剔至康熙六年諸弊肅清於正供條鞭之外不許多派一文多役一夫物極而返其亦勢使然歟

一禁革私派山陰縣舊設有聽夫一項共計一百四十名每名派工食銀三兩六錢加閏一年總計銀伍百餘兩至年終封印之後衙蠹光棍百十成羣逐戶打索多至破家及借營債以應又本縣驛

站自順治十五年間竟派坊里承應始不過貼費及至年增一年兇夫凶横異常兵房惡蠹串通各營飛票如雨勒令折乾每坊出銀四五十兩一年通計一千餘兩其各坊承應名曰値月二十三坊挨次輪流一切供應盡令値月坊長承値公单之外又有私餽積習相沿牢不可破更有沿途設立公舘大公舘費銀一二十兩小公舘費銀七八兩下程小飯酒筵油燭柴炭等項無不備具此眞坊役奇苦不可一朝者也貢生張翼辰力籲督撫兩

院批行嚴禁斯弊坊民斯甦
（明）御史龐尙鵬剏立爲一條鞭法眞萬世良規乃
奉行之始吏胥不得逞其欲反譁言不便鄉紳張
元忭移書當道陳其利害始無沮格迨至明末舊
制漸湮流弊日甚如廳夫驛站較前之額辦坐辦
加至什倍如値月之募次竹兜豬羊酒麪滿饌募
夫較前之雜辦撮辦更苦萬分康熙六年貢生張
翼辰以坊役奇苦呈鳴督撫兩院蒙總督趙廷臣
撫院蔣國柱軫念民瘼卽按

欽頒經費錄與賦役全書自官府隸役以致驛站縴夫俸薪工食燭炭紙張等項皆有額定經制行令藩司盧公核算立石永禁凡經制之外多設一人即爲自役賦役之外多徵一分即爲私派申飭通省仍照龐公舊例藩司袁一相已刻入浙藩詳議中通邑生民咸沐其利

康熙八年山陰縣知縣高諱登先詳明遞夫水解顏茶三弊其略曰細查遞夫一項全書開載額設僱夫銀一千一百九十八兩八錢裁冗兵餉內抽

存夫馬銀一千六兩五錢六分遇閏加夫馬銀一百一十三兩四錢供應勘合火牌諒已充裕但因
國初以來軍興孔亟差遣浩繁承值不敷故夫里議有貼食之舉今時已昇平差使減省蒙督憲示禁一切勘合火牌各憲經臨動支夫馬照依全書額載之銀給發應差倘有不足另行詳請斷不致擾累里民也又查僱馬一項全書額銀一百二十六兩向例以兜代馬亦蒙督撫二憲禁革動支額銀荅應後因兜夫私向各坊貼帮圍轎酒飯等費所

以坊民不甘今再行嚴飭嗣後坊民貼𡍼之累亦
永除矣又備查水解一項
本朝定鼎吏收官解律載甚明起自順治五年間前
令傳集里民公議貼解歷來已久去年奉憲嚴批
禁飭在案任内並無貼解一項貼解一項無庸聲
説至于顔料茶蠟等項銀兩遵查全書除原額價
銀外每年二月間撫憲行令仁錢二縣確估時價
徵銀辦解以完上供但由单刊載在先而時價奉
加在後必另刻小单曉諭民人照单輸納自不致

胥役多泒厲民也三項須示勒石永行遵守庶地
方獲安全之福也

田賦志下終